みんなの民俗学

ヴァナキュラーってなんだ？

島村恭則
SHIMAMURA TAKANORI

HEIBONSHA

みんなの民俗学●目次

※引用部分は一部、読みやすさを考慮し表記を改めました。

序章　ヴァナキュラーとは〈俗〉である

1　私と民俗学

まず、自己紹介からはじめたい。

お祈り癖

私はカトリック系の幼稚園に通っていた。お弁当の前と後には必ずお祈りの時間があった。お祈りの仕方は、全員で一斉にするのではなく、一人ずつ順番に祭壇の前に行ってするというものだった。三年間、毎日させられたが、そうすると「お祈り癖」がついてくる。幼稚園児なのでキリスト教の教義のほうは理解できず、お祈りという行動だけが身についた。その結果、町の中のお地蔵さんとかお稲荷《いなり》さんに対しても、幼稚園とまったく同じように、どんどんお祈りするようになった。これは小学校に入ってからも続き、神仏があれば、とにかくお祈りしなければ気がすまない状態だった。中学校に入っても同様である。それどころか、高校生のときも、本当は面倒で仕方がないのだが、やはり、もう癖なので、対象があれば、お祈りしていた。面倒だけれども、しないと何かよくないことが起こりそうで、お祈りをする。そういう生活が続いていた。

ごみ収集車の調査

それから、小学校四年生のときのことなのだが、私は、ごみ収集車の調査を行っていた。なぜ、収集車に関心を持ったのかはわからないが、ごみ収集車がどこからやって来て、どういうふうにごみを集めて、どこにごみを捨てに行くのかに強い関心を持ち、土曜日とか夏休みに調査した。まさに観察である。電柱の陰でごみ収集車がやって来るのを待っていて、集めに来たら後を追いかけて行く。

あるとき、ごみ収集車のおじさんが私に声をかけ、収集車に乗せてくれた。そして一緒にごみを収集して回り、さらに埋め立て地にある焼却場まで連れていってくれ、帰りは車庫に戻る途中に、家の近くで降ろしてくれた。現在では、こんなことをしたら大変なことになるだろうが、昭和五〇年代にはありえたのだ。この調査が、私のフィールドワーク（研究のための現地調査）のはじまりということになる。

死が怖い

さらにもう一つ、子どもの頃の思い出では、「死が怖い」というのもある。現在では、お葬式はセレモニーホールなどで行われるが、かつては自宅が多かったので、町内の電柱に、葬式のある家の方向を案内する指差しマークがよく貼ってあった。私は、通学路でときどき見かけるこの指差しマークがとても怖く、角を曲がったら、喪家の門前に飾られた花輪が突然視界に入ってくることもあり、これも怖い。前を通れなくて、息を止めて歩いていた。それから、新聞をめくると、死亡広告が載っているが、あれも怖い。死亡広告の部分に触れないよう、新聞は上の方を持ってめくっていた。これは、小学校高学年のときから高校生まで続いた。自分でも頭がおかしいのではないかと思っていた。霊柩車に出会ったら親指を隠すことは、多くの人がやったことがあると思うが、それのもっと激しいものというと、この感覚を理解してもらえるかもしれない。

民俗学と出会う

そのような私だったが、高校二年生のとき、たまたま渋谷の紀伊國屋書店の民俗学コーナーの前で、『日本の葬式』（筑摩書房、一九七七年）を見つけた。井之口章次《いのくちしょうじ》という民俗学者が書いた本である。これを目にしたとき、本当になぜかはわからないのだが、無意識のうちにこの本を手に取り、ページをめくっていた。この本には、それまで漠然と怖いとしか思っていなかった葬式について、その事細かい要素の記述と分析が載っていた。私は、葬式には日本中でさまざまなバリエーションがあり、学問的に研究することができるのだと知った。葬式というものを冷静に見つめて、研究することが行われている事実は、衝撃的だった。

『日本の葬式』の周囲には、これまたいままで見たこともなかった、神や仏や年中行事や伝説の本がたくさん並べられており、こんどは、それらを見て、自分がいつもお祈りしている路傍の神仏についても研究がなされていると知った。このコーナーは、自分のためにあるのではないかと思った。それらの本が、民俗学という学問分野に属することもこのとき知った。これが、私と民俗学との出会いである。

それ以来、毎日のように、あちこちの大型書店の民俗学コーナーを見て回り、少しずつ本を買い求めていった。角川文庫から柳田國男《やなぎたくにお》[*1]の本がいくつか出ていたので、それらも買って読んだし、宮田登や谷川健一といった有名な民俗学者たちの著作も読みはじめた。そうした中に、ちょうど当時の民俗学ではハレ・ケ・ケガレの議論[*2]がさかんだったため、『共同討議 ハレ・ケ・ケガレ』（桜井徳太郎ほか、青土社、一九八四年）などもあり、それを見たら、私が恐れていたのは、「死のケガレ」だったのだとわかってきた。

民俗学の本を読むことで、私を拘束していた「お祈り癖」や「死のケガレ」の問題が解決し、それどころか、その世界がたいそう面白いと思えるようになってきた。高校二年の終わりから卒業まで、受験勉強もしたが、同時に、民俗学の勉強もするという生活を送っていた。

沖縄に行く

大学入学後、民俗学を本格的に学びはじめたが、民俗学の基本はフィールドワークなので、日本中、あちこちに出かけて行った。岐阜県の山の中の村からはじまり、東北、四国、九州といろいろなところに行き、その土地で暮らす人びとから、そこでの生活についてさまざまなことを教わった。

そうした中で、最も刺激的だったのは、大学三年生のときに訪れた沖縄だ。民俗学では、沖縄は学問上の聖地のようなところである。個性的な文化が濃厚に存在し、多くの民俗学者がこの地を舞台にすぐれた研究を生み出してきた。

はじめての沖縄は、どこに行っても感動の連続で、久高島《くだかじま》、沖縄本島北部の村、そして、宮古島、八重山と回り、約一週間の沖縄の旅を終えるときには、もう自分は沖縄研究で卒業論文を書こうと、早くも決意していた。それ以来、アルバイトのお金を貯めては沖縄や奄美の島々を回るようになったのである。

卒業研究は、宮古島の狩俣という集落に住み込んで行った。三か月半、空き家を一か月一万円で借りての住み込み調査だった。テーマは、「生きている神話」。神話というと『古事記』や『日本書紀』に出てくるような古代の神話が思い浮かぶかもしれないが、宮古島の場合は、村の祭りの中で、その村の起源についての神話が、女性の司祭者たちによって歌われているのだ。現に歌われているので「生きている神話」というわけである。その内容は、その後、学術雑誌に掲載し、最終的には著書(『民俗学を生きる——ヴァナキュラー研究への道』晃洋書房、二〇二〇年)に収めてあるので、興味のある方はご覧いただきたい。

韓国で暮らす

卒業後は、民俗学者になって民俗学研究を一生の職業にしようと、大学院に進学した。修士課程では、沖縄で戦後に生まれた新宗教教団の調査・研究をした。神霊とコミュニケーションが可能とされる人物をシャーマンという。この研究は、沖縄のシャーマンがつくった教団を取り上げたものである。

この研究が一段落した後、私は韓国での民俗学研究を思い立ち、渡韓した。日本の民俗学を研究する場合、大陸中国や台湾、そして韓国との比較研究は不可欠である。韓国では、現地の大学で日本文化論と日本語を教えながら、都市伝説の調査を行った。韓国の都市伝説は、日本とかなり似ているところもあるが、儒教的な色彩が強かったり、大統領や権力を諷刺《ふうし》する内容が豊富だったりと、独自の性格も有している。その成果は、『日本より怖い韓国の怪談』（河出書房新社、二〇〇三年）として刊行されている。

日本での研究

韓国では三年間暮らし、その後、日本に戻った。帰国後は、千葉県佐倉市にある国立歴史民俗博物館に四年間勤め、そのあとは秋田大学で六年間、比較文化論や民俗学を教えた。二〇〇八年からは関西学院大学で「現代民俗学」を教えている。この間、多様なテーマで調査・研究を行ってきた。本書で扱ういろいろな事例は、まさにそこで得られたものである。

2　民俗学とはどのような学問か？

それでは、本題に入ろう。

民俗学とは、人間（人びと＝〈民〉）について、〈俗〉の観点から研究する学問である。ここで〈俗〉とは、①支配的権力になじまないもの、②啓蒙主義的な合理性では必ずしも割り切れないもの、③「普遍」「主流」「中心」とされる立場にはなじまないもの、④公式的な制度からは距離があるもの、のいずれか、もしくはその組み合わせのことをさす。本書のサブタイトルにある「ヴァナキュラー（vernacular）」は、この〈俗〉を意味する英語である。

日本では、民俗学というと、農山漁村に古くから伝わる民間伝承（妖怪、昔話、伝説、祭りなど）を研究する学問だと思われている場合も少なくないようだが、現在の民俗学はそのようなものではない。

本書では、ヴァナキュラーというキーワードを用いながら、既存の「民俗学」のイメージを超えた、もっと広くて現実的な民俗学の世界を紹介していく。本書を通して、多くの方に民俗学の面白さを知っていただくこと。これが本書執筆の目的である。

民俗学はドイツで生まれた

日本では、柳田國男が「日本民俗学の創始者」と称されたりすることから、民俗学は日本で独自に生まれた学問だと思っている人が少なくないようだ。しかし、それは誤解である。柳田國男は、「日本民俗学」を体系化し、組織化した人物ではあるが、民俗学の創始者ではない。

民俗学は、一八世紀のドイツで生まれた。その土台をつくったのが、ヨハン・ゴットフリート・ヘルダー（Johann Gottfried von Herder, 1744-1803）という哲学者・思想家である。この当時のヨーロッパでは、イギリス・フランスを発信源とする「啓蒙主義（the Enlightenment）」が、時代をリードする思想となっていた。「啓蒙主義」とは、理性を重んじ、非合理的なものを排除する思想のことである。「啓蒙」の「蒙」は無知蒙昧の「蒙」、「啓」は「開く」「明るくする」という意味で、「啓蒙」とは、「非合理的」な世界にいる無知蒙昧な人を、明るい世界に導いて賢くすることを意味している。

この啓蒙主義は、発生地のイギリス・フランスのみならず、ヨーロッパ各地に伝わり、たとえばドイツでもその影響は強く見られた。しかし、ヘルダーはこの思想に真っ向から抵抗した。

啓蒙主義の考え方では、合理性と普遍性（世界のどこでどのように暮らす人びとにとっても、合理的な思考とその結果は遍《あまね》く通用するはずで、またそうでなければならないとする考え）が理念とされる。そのため、啓蒙主義を信奉する人びとは、自分たちがもともと生きている社会に固有の暮らしぶり、考え方、あるいは日常的に用いている土着の言葉について、それらこそが啓蒙の対象であるとして、否定していった。

これに対してヘルダーは、フランスでつくられた借り物の思想に身を任せるのではなく、自分たち自身の生活に根差した生き方をこそ探求すべきだと考え、ドイツに固有の暮らし、言葉、思考を掘り起こし、大切にすることを主張した。ヘルダーによるこの考え方を、本書では「対啓蒙主義」と呼んでおく。

ヘルダーは、この考え方にもとづいて、具体的には民謡の採集をはじめた。なぜ民謡かというと、日常の暮らしの中で歌われる民謡には、「人びとの魂」が宿っていると考えたからだ。彼は、自ら民謡集を編集するとともに、民謡の採集を広く人びとに呼びかけた。[*3]

ヘルダーの影響を受けつつ、次に登場したのは、グリム兄弟である。『グリム童話集』で有名なグリム兄弟、すなわちヤーコプ・グリム（Jacob Ludwig Karl Grimm, 1785-1863）とヴィルヘルム・グリム（Wilhelm Karl Grimm, 1786-1859）の兄弟だ。ヘルダーの「歌」に対して、彼らが行ったのは、「物語」（昔話・伝説・神話）の収集・研究だった。その成果は、『グリム兄弟によって集められた子どもと家庭のメルヒェン集』（いわゆる『グリム童話集』）や『ドイツ伝説集』などとして刊行された。

ヘルダーとグリム兄弟の行った研究、つまり民俗学は、一九世紀後半から二〇世紀初頭にかけて、ヨーロッパはもとより世界各地に影響を与えていった。ヨーロッパでは、フィンランド、エストニア、ラトヴィア、リトアニア、ノルウェー、スウェーデン、アイルランド、スコットランド、ウェールズ、ブルターニュ、スイス、ハンガリー、スラヴ諸国、ギリシアなどで、それ以外では、アメリカ合衆国、インド、日本、中国、韓国、ロシア、フィリピン、ブラジル、アルゼンチン、ナイジェリア、ガーナなどで民俗学の研究が行われるようになり、それぞれの地で独自の展開を遂げていった。これらの国、地域では、今日でも民俗学がさかんである。

そして、民俗学の広がりと並行して、その研究対象も、歌、物語に加え、人びとの生活のさまざまな領域が扱われるようになっていった。とくに好んで扱われたのは、民間信仰、儀礼、祝祭、年中行事、芸能、民具、家屋、市、行商などである。

対覇権主義の学問

ここで注目したいのは、右にあげた民俗学がさかんな国や地域は、どちらかというと、大国よりは小国である。また大きな国であっても、西欧との関係性の中で、自らの文化的アイデンティティを確立する必要性を強く認識した国、あるいは大国の中でも非主流的な位置にある地域だという点だ。

こうした国や地域の人びとは、民俗学の研究と普及を通して、自分たちの暮らしのあり方を内省し、その上で自分たちの生き方を構築することで、自分たちを取り巻く大きな存在、覇権（強大な支配的権力）、「普遍」や「主流」、「中心」とされるものに飲み込まれてしまうのを回避しようとしてきたといえる。

このようにいうと、ドイツやアメリカ合衆国は大国ではないかと反論が返ってくるが、アメリカはもともとイギリスの植民地から出発した新興国で、またドイツも後発近代化国家であった。つまり、いまから見れば覇権を持った大国だが、その形成史の内側には、非主流性や、新興国ならではのアイデンティティを希求する意識が存在していたのである。また、フランスやイギリスでも民俗学の研究がはじまったが、とくにさかんに行われたのは、フランスの中でも周辺部に位置するブルターニュ地方であり、イギリスの場合は、スコットランドとウェールズであった。

さて、ここに見られるように、民俗学は、覇権、普遍、主流、中心といったものへの人びとの違和感とともに成長してきた。民俗学が持つこうした特徴は、ヘルダーの場合に典

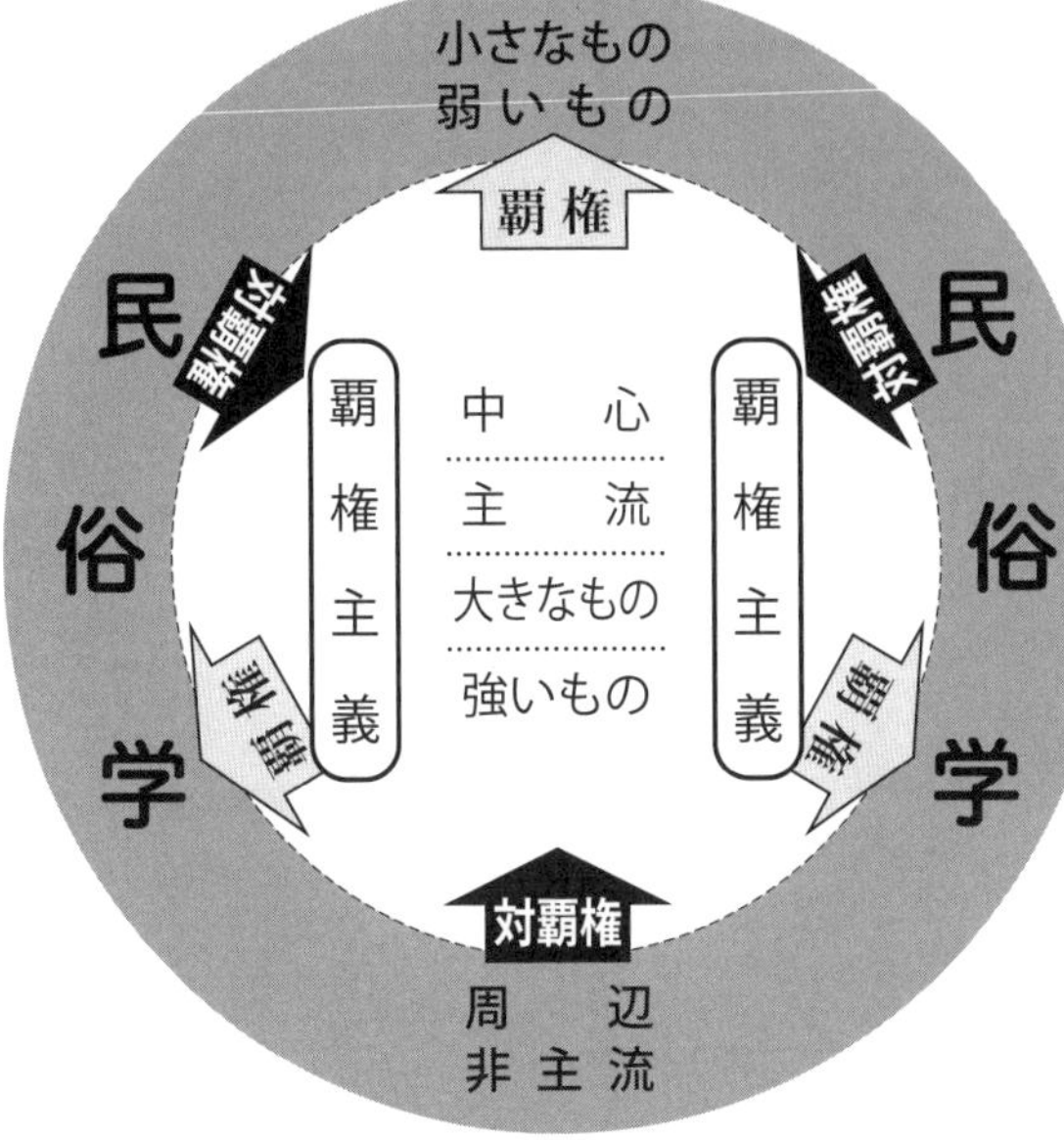

図：「対覇権主義の学問」としての民俗学

型的に見られた「対啓蒙主義」に加え、「対覇権主義」という言葉で表せる。民俗学は、覇権主義を相対化し、批判する姿勢を強く持った学問である。強い立場にあるものや、自らが「主流」「中心」の立場にあると信じ、自分たちの論理を普遍的だとして押しつけてくるものに対し、それとは異なる位相から、それらを相対化したり、超克《ちょうこく》したりする知見を生み出そうとするところに、民俗学の最大の特徴があるのだ。

日本の民俗学

民俗学が、対啓蒙主義的、対覇権主義的、対普遍主義的、対主流的、対中心的な学問であることは、日本の民俗学でも同様である。日本の民俗学者たちは、啓蒙主義的世界観では切り捨てられ、覇権主義的世界観では支配の対象とされる、非主流、非中心の世界こそが民俗学の対象であると考え、これに正面から向き合ってきた。

柳田國男の初期の作品に、一九一〇（明治四三）年に刊行された『遠野《とおの》物語』がある。この本は、岩手県遠野地方で伝承されてきたさまざまな話、多くは不思議な話を収録したものだが、その冒頭には次の言葉が書かれている。

願はくは之《これ》を語りて平地人を戦慄せしめよ

ここでいう「之」とは、岩手県遠野地方の人びとが語り伝えてきた物語の世界であり、「平地人」とは、啓蒙主義的思考のもとで近代化に邁進《まいしん》する都市住民のことだといってよい。現代語訳すれば「この物語を語って平地の人を戦慄させることを願っている」となる。

この一文からわかることは、柳田が、啓蒙主義的世界観では非合理的なものとして切り捨てられてしまう世界の存在を、本書によって、「平地人」に突きつけようとしたことだ。啓蒙主義的世界観に対する、対啓蒙主義からの挑戦だといえる。

　啓蒙主義をめぐっては、福沢諭吉と柳田國男が対照的である。

　福沢諭吉（一八三五―一九〇一）は、明治時代の近代主義者・啓蒙主義者の筆頭に位置する人物である。彼の自叙伝『福翁自伝』には、大分県中津での少年時代に経験した小さな祠《ほこら》をめぐる出来事が記録されている。福澤が一三、四歳頃のことである。

> （前略）年寄などの話にする神罰《しんばつ》冥罰《みょうばつ》なんということは大嘘《だいうそ》だと独り自《みずか》ら信じ切って、今度は一つ稲荷様《いなりさま》を見てやろうという野心を起して、私の養子になっていた叔父《おじ》様の家の稲荷の社《やしろ》の中には何が這入《はい》っているか知らぬと明《あ》けて見たら、石が這入っているから、その石を打擲《うっちゃ》ってしまって代りの石を拾うて入れて置き、また隣家《りんか》の下村《しもむら》という屋敷の稲荷様を明けて見れば、神体は何か木の札で、これも取って捨ててしまい平気な顔していると、間もなく初午《はつうま》になって幟《のぼり》を立てたり太鼓を叩いたり御神酒《おみき》を上げてワイ／＼しているから、私は可笑《おか》しい。「馬鹿め、乃公《おれ》の入れて置いた石に御神酒を上げて拝んでるとは面白い」と、独《ひと》り嬉《うれ》しがっていたというような訳《わ》けで、幼少の時から神様が怖いだの仏様が難有《ありがた》いだのいうことは一寸《ちょい》ともない。卜筮呪詛《うらないまじない》一切不信

仰で、狐狸《きつねたぬき》が付くというようなことは初めから馬鹿にして少しも信じない。子供ながらも精神は誠にカラリとしたものでした。

（福沢諭吉『新訂 福翁自伝』富田正文校訂、岩波書店、一九七八年）

一方の、柳田國男の小祠《しょうし》体験は次のようなものだった。千葉県の布川《ふかわ》というところに住んでいたときの出来事だ。

（前略）小川家のいちばん奥の方に少し綺麗な土蔵が建てられており、その前に二十坪ばかりの平地があって、二、三本の木があり、その下に小さな石の祠《ほこら》の新しいのがあった。聞いてみると、小川という家はそのころ三代目で、初代のお爺さんは茨城の水戸《みと》の方から移住して来た偉いお医者さんであった。その人のお母さんになる老媼《ろうおう》を祀ったのがこの石の祠だという話で、つまりお祖母さんを屋敷の神様として祀ってあった。

この祠の中がどうなっているのか、いたずらだった十四歳の私は、一度石の扉をあけてみたいと思っていた。たしか春の日だったと思う。人に見つかれば叱られるので、誰もいない時、恐る恐るそれをあけてみた。そしたら一握りくらいの大きさの、じつ

に綺麗な蠟石《ろうせき》の珠が一つおさまっていた。その珠をこと
てあった。後で聞いて判ったのだが、そのおばあさんが、どういうわけか、中風で寝てからその珠をしょっちゅう撫でまわしておったそうだ。それで後に、このおばあさんを記念するのには、この珠がいちばんいいといって、孫に当る人がその祠の中に収めたのだとか。そのころとしてはずいぶん新しい考え方であった。

その美しい珠をそうっと覗いたとき、フーッと興奮してしまって、何ともいえない妙な気持になって、どうしてそうしたのか今でもわからないが、私はしゃがんだまま、よく晴れた青い空を見上げたのだった。するとお星様が見えるのだ。今も鮮やかに覚えているが、じつに澄み切った青い空で、そこにたしかに数十の星を見たのである。昼間見えないはずだがと思って、子供心にいろいろ考えてみた。そのころ少しばかり天文のことを知っていたので、今ごろ見えるとしたら自分らの知っている星じゃないんだから、別にさがしまわる必要はないという心持を取り戻した。

今考えてみても、あれはたしかに、異常心理だったと思う。だれもいない所で、御《ご》幣《へい》か鏡が入っているんだろうと思ってあけたところ、そんなきれいな珠があったので、非常に強く感動したものらしい。そんなぼんやりした気分になっているその時に、突然高い空で鵯《ひよどり》がピーッと鳴いて通った。そうしたらその拍子に身がギュッと引きしま

って、初めて人心地《ひとごこち》がついたのだった。あの時に鵯が鳴かなかったら、私はあのまま気が変になっていたんじゃないかと思うのである。

（柳田國男『故郷七十年』講談社、二〇一六年）

この二人の少年の対照的な関係は、将来の啓蒙主義者と将来の対啓蒙主義者の関係として理解できるだろう。

柳田國男と並ぶ民俗学者に折口信夫《おりくちしのぶ》（一八八七—一九五三）がいる。『万葉集』などの日本古代文学を研究した国文学者であると同時に、柳田國男を師と仰ぎ、天才的センスで民俗学の研究を行った人物である。折口は、民俗学調査の道すがらよく歌をつくったが、そこでは、しばしば「かそけさ」が歌われた。

山びとの　言ひ行くことのかそけさよ。きその夜、鹿の　峰をわたりし

（「水の上」『折口信夫全集』二二、中央公論社、一九七五年）

山のうへに、かそけく人は住みにけり。道くだり来る心はなごめり

（「海やまのあひだ」『折口信夫全集』二二、中央公論社、一九七五年）

といった歌がそれだ。これらの歌からは、折口の民俗学調査は、かそけきもの、すなわち「かすか（微か・幽か）なもの」＝啓蒙主義的世界観の中では位置を与えられないような、対主流的なもの、対中心的なものに耳を傾ける営みであったということができるだろう。

民俗学調査で地球約四周分を歩いたといわれる宮本常一《つねいち》（一九〇七―八一）の『忘れられた日本人』（未来社、一九六〇年）は、日本各地にひっそりと暮らす「無名にひとしい人たち」の生き方を描いた民俗学の名著だが、タイトルに「忘れられた」という表現が用いられている。宮本はまた、民俗学を学ぶ者の心得として「人の見残したものを見る」ことの重要性も説いている（『民俗学の旅』講談社、一九九三年）。「忘れられた」「人の見残したもの」とは、対主流的、対中心的なものにほかならない。

また、谷川健一（一九二一―二〇一三）という民俗学者は、『神は細部に宿り給う』という本の序文で次のように述べている。

「神は細部に宿り給う」という言葉は私の好きな成句であって、それを本書の題とすることにした。この言葉は泰西の学者のものであるが、日本の民俗学にもそのままあてはまると私は考えている。歴史学が人類の主要な道筋を辿る学問であるのに対して、民俗学は枝道や毛細管のように張りめぐらされた小路を知る学問である。したがって歴史学やその他の学問には取るに足りないと思われているものこそ、民俗学にとっては限りなく重要である。私が民俗学に足を踏み入れるようになった動機は、顕微鏡で微生物の世界をはじめてのぞいたときと似た感動から始まっている。肉眼では空白としか映らないミクロコスモスに、かくもゆたかな常民の生命体が充溢していることに私は眩暈をおぼえ、畏敬の念が湧くのを禁じ得なかった。（中略）粗枝大葉の日本でなく、細部の日本を見きわめることへの情熱が私を今日まで駆りたててきた。

（谷川健一『神は細部に宿り給う——地名と民俗学』人文書院、一九八〇年）

ここでいう「歴史学やその他の学問には取るに足りないと思われているもの」、「枝道」「小路」とは、対主流、対中心の世界であり、それはまた啓蒙主義的世界観では排除の対象とされる領域と多分に重なっているといえる。

さらに、社会学者で、民俗学にも造詣の深かった鶴見和子（一九一八—二〇〇六）は、民俗学を「かくれ里」の学だと述べた。ここでいう「かくれ里」とは、外来の大きなもの、覇権、普遍、主流、中心といったものによって征服され、殺されかかった者たちが、身をかくす場所のことである。鶴見は、この語を比喩的な次元でも用い、「かくれ里は、ある一定の場所にあるだけではなく、われわれの心の中にも、潜在意識とか、深層心理とか、そういう形でも」存在しており、民俗学は、そうした「かくれ里」の中に、「民衆が積み残してきた知恵の宝庫を発見」する学問だと述べている（鶴見和子『殺されたもののゆくえ――私の民俗学ノート』はる書房、一九八五年）。

民俗学の持つ対啓蒙主義的、対覇権主義的、対普遍主義的、対主流的、対中心的志向は、日本の民俗学の基底部に確実に存在しているのである。

さて、ここで「民俗学とは何か」をまとめておこう。

民俗学は、一八世紀のフランスを中心とする啓蒙主義や、一九世紀初頭にヨーロッパ支配をめざしたナポレオンの覇権主義に対抗するかたちで、ドイツのヘルダー、グリム兄弟によって土台がつくられた。そしてその後、世界各地に拡散し、それぞれの地域において独自に発展した学問である。

〈啓蒙主義的合理性や覇権・普遍・主流・中心とされる社会的位相〉とは異なる次元で展開する人間の生を、〈啓蒙主義的合理性や覇権・普遍・主流・中心とされる社会的位相〉と〈それらとは異なる次元〉との間の関係性も含めて内在的に理解する。

これにより、〈啓蒙主義的合理性や覇権・普遍・主流・中心とされる社会的位相〉の側の基準によって形成された知識体系を相対化し、超克する知見を生み出そうとする学問である。

3　ヴァナキュラー

ヴァナキュラーとは？

以上のように民俗学の歴史を見ると、「民俗学とは、人間（人びと＝〈民〉）について、〈俗〉の観点から研究する学問である」という、本章冒頭の言葉の意味がわかるだろう。民俗学の持つ、対覇権主義的、対啓蒙主義的、対普遍主義的、対主流的、対中心的な観点を集約的に表現したものが、〈俗〉なのである。そして、この〈俗〉は、観点であると同時に、この観点によって切り取られた研究対象のことをも表している。

すでに冒頭で示しているが、ここであらためて〈俗〉を定義すると、以下のようになる。すなわち、〈俗〉とは、

① 支配的権力になじまないもの
② 啓蒙主義的な合理性では必ずしも割り切れないもの
③「普遍」「主流」「中心」とされる立場にはなじまないもの
④（支配的権力、啓蒙主義的合理性、普遍主義、主流・中心意識を成立基盤として構築される）公式的な制度からは距離があるもの

のいずれか、もしくはその組み合わせのことである。

さて、この〈俗〉を、現代のアメリカ民俗学では、ヴァナキュラー（vernacular）と呼んでいる。ヴァナキュラーとは、言語学をはじめとする人文社会科学で、「権威ある正統的な言語に対する俗語」を意味するものとして用いられてきた言葉である。

たとえば、著名な社会言語学者のウィリアム・ラボフは、アフリカ系アメリカ人が話す英語を、「ブラック・イングリッシュ・ヴァナキュラー」と名付け、「正統的な英語」とどのように異なるのかを研究した（William Labov, *Language in the Inner City: Studies in Black English Vernacular*, University of Pennsylvania Press, 1972）。

あるいは、政治学者のベネディクト・アンダーソンは、ある国の「国語」が、その国の「正統的な言語」として体系化される以前は、ヴァナキュラー＝「俗語」という状態にあり、文法や辞典の整備をはじめとする国家による制度化を経て、「国語」になってゆく過

程を明らかにした（ベネディクト・アンダーソン『想像の共同体――ナショナリズムの起源と流行』白石隆・白石さや訳、リブロポート、一九八七年）。

このようなヴァナキュラー＝俗語という認識は、この語が「権威ある正統的なラテン語」に対する「崩れたラテン語」の意味で長く使われてきたことに由来する。ラテン語とは、ローマ帝国の公用語で、聖職者や官吏、学者たちが用いた言葉だ。これに対して、一般人が使った「俗語」としての「俗ラテン語」がヴァナキュラーである。[*4]

第二次世界大戦後、それまで「俗語」のことをさすのに用いられてきたヴァナキュラーという言葉は、建築の世界でも用いられるようになった。「正統的な建築家」による設計ではない建築、建築家以外の一般人による建築が「ヴァナキュラー建築」と表現されるようになったのである。そして、この語は、一般人による建築を研究対象の一つとしてきた民俗学（アメリカ民俗学）でも用いられるようになる。さらにその後は、言語、建築のみならず、芸能、工芸、食、音楽などさまざまな対象を表す語としても用いられるようになっていった。また並行して、この語の持つ学問的意義の理論的な洞察も深められていく。二〇〇〇年代に入ると、ヴァナキュラーは、アメリカ民俗学における最重要のキーワードにまで成長した。

フォークロアからヴァナキュラーへ

もっとも、いま「二〇〇〇年代に入ると」と述べたように、この語が民俗学の最重要キーワードになったのは、約二〇年前のことである。では、それ以前の最重要キーワードは何だったのか？　それはフォークロア（folklore）である。日本でも、民俗学の研究対象のことを、しばしばフォークロアと呼んでいるので、この語を目にしたことのある方もおられるだろう。

いまから二〇年前、アメリカ民俗学では、フォークロアからヴァナキュラーへとキーワードの交代が起こっていた。この交代劇の背景となったのは次のような事情だ。

人びと（フォーク）の知識（ロア）を意味するフォークロアという英語は、ドイツ語の「フォルクスクンデ（Volkskunde：民の知識）」をもとに、イギリス人の古事学者ウィリアム・トムズ（William John Thoms, 1803-85）が造語したものである。トムズは、一八四六年八月二二日刊行の『アシニーアム（*The Athenaeum*）』という雑誌に、[*5]「イギリスでもドイツのグリム兄弟がやっているような研究をさかんにしよう。ついては、そうした研究が取り扱う対象のことを私がつくったフォークロアという新しい言葉で呼ぼう」という文章を寄せている。ここに出てくる「フォークロア」が、この語の世界最初の用例である。[*6]

以後、英語圏では、フォークロアの語のもとにさまざまな事物が民俗学の研究対象とされるようになったが、その多くは、地方で伝えられている民間説話や民謡、そして生活上のさまざまな習俗であった。これらについて民俗学は膨大な資料を収集し、研究を進めてきたが、その過程で、いつしか世の中の人びとはフォークロアを、「時代遅れの田舎の農民たちが伝えている、どこか奇妙で、でも懐かしいものごと」として理解するようになる。あわせて民俗学についても「田舎の古くさいものを扱っている学問」というイメージがつくられていった。

このイメージに対して、敢然と挑戦したのが世界的に著名な民俗学者で、カリフォルニア大学バークレー校教授だったアラン・ダンデス（Alan Dundes, 1934-2005）であった。ダンデスは、一九六五年に発表した論文で、「フォークロアは、世の中の人たちが思っているような、田舎に暮らす読み書きのできない農民が伝える迷信じみた古風な風習などではなく、どんな社会集団にもフォークロアは存在する」ことをはっきり主張した。

少なくとも一つの共通の要素を共有しているならば、どのような集団であろうと、その集団はフォーク（folk）である。集団の結合要素は何であろうとかまわない。共通の職業であってもよいし、言語または宗教でもよい。そしてこの集団が所有する知識がフォークロアである。（Alan Dundes, *The Study of Folklore*, Prentice-Hall, 1965）

彼はこのように説いた上で、農民のみならず、炭鉱夫、鉄道員、野球選手、サーファー、オートバイ乗り、コンピューターのプログラマー、オフィスワーカー、医師、科学者などにも独自のフォークロアがあると述べている。

ダンデス以後、アメリカ民俗学では、都市伝説、グラフィティと呼ばれる都市壁画、オフィスワーカーたちが共有するユーモア、犯罪被害にあったニューヨーカーたちの経験談、ボーイスカウトで行われている習慣や儀礼、救急隊員たちの経験談、鉄道労働者たちの語り、アウトサイダーアートと呼ばれる素人絵画、ハロウィンやカーニバルなど、さまざまなものがフォークロアとしてさかんに研究されるようになった。

ただし、ここには一つ問題も存在した。それは、民俗学者たちが現代フォークロアの興味深い研究をしているにもかかわらず、世の中の人たちは、フォークロアを依然として「時代遅れの田舎の農民たちが伝えている、どこか奇妙で、でも懐かしいものごと」と見なしていることだ。ダンデスによる画期的なフォークロア定義があるにもかかわらず、世の人びとの「フォークロア」観は変わることがなかったのだ。

この場合、民俗学者たちには、世の中の「フォークロア」観を無視して研究に邁進する方向もありえたかもしれない。しかし、どんなによい研究をしても、「フォークロア」をめぐる誤解のために、それが世の中にきちんと届いていかないという恐れは十分にあった。そんなとき、民俗学界には、ヴァナキュラーという言葉が浸透しはじめていた。「フォークロア」に対して、「ヴァナキュラー」には、おかしなイメージはまとわりついていない。そこで、民俗学者たちは、誤解されがちな「フォークロア」の語を避け、「ヴァナキュラー」の語を、民俗学の研究対象を表す新たな術語として積極的に用いはじめたのである。

学問的には、フォークロアの語に何の問題もないし、したがって、いまでもこの語を使う学者もいる。しかし、以上の理由から、ヴァナキュラーの語が現代アメリカ民俗学の最重要キーワードとなっているのである。

民俗学は現代学

では、日本の場合はどうだろうか。柳田國男に「現代科学といふこと」という論文がある。彼は、民俗学とは、私たちが「これからはどういう風に進んで行けばよかろうか」を考える際に、「実際生活」の内省から出発し、「今日までの経過、否今もなお続けている生活様式を知りかつ批判しまた反省」する科学であるとしている。そして、このような民俗学を「現代科学」としての民俗学と呼んだ。また、それは「広く世の中のために、ことに同胞国民の幸福のために、または彼らを賢くかつ正しくするために」、「現世の要求に応ずる」学問であるとも述べている（柳田國男「現代科学といふこと」『定本柳田國男集』三一、筑摩書房、一九六四年）。

柳田の民俗学の方法には、現代を知るために「今日までの経過」、すなわち「過去」を参照する特色がある。そのため、一見、彼の学問は、「過去」志向の学問であるかのように思われがちなのだが、そうではない。彼は、「現代」を知るための手段として「過去」を参照しているのであって、「過去」の解明自体を目的としているわけではない。あくまでも「過去」を用いた「現代」学なのである。このことを柳田はあちこちで書いて読者に注意を促している。

民俗学を「現代学」と考えているのは柳田だけではない。後続の民俗学者たちも、民俗学は「現代学」にほかならないと考えてきた。一九七〇年代から現代都市をフィールドとする都市民俗学の研究が行われるようになったのも、その表れである。

だが、このことは、民俗学の外部にはなかなかうまく伝わらず、「田舎に古くから伝えられている習俗について調べ、その意味を解明するのが民俗学だ」というような、単純化された理解（＝誤解）が世の中に広まっていった。いまでもその傾向は続いているのかもしれない。

本書は、この誤解を払拭すべく、「現代学」としての民俗学、すなわち「現代民俗学」とはいかなるものか、その一端を紹介する。そしてこの場合、アメリカでの動きも参考にしつつ、現代民俗学の研究対象を、「ヴァナキュラー」という英語由来の言葉で表現する。

もっとも、このようにいうと、なぜ、日本語の「民俗」の語ではなく、英語由来の「ヴァナキュラー」の語を使うのか、疑問に思う方もおられるだろう。

私は、民俗学のキーワードである「民俗」という言葉を否定して、ヴァナキュラーという語に置き換えようと思っているわけではない。本来なら、「民俗」という日本語を用いておけばそれですむ。「民俗」とは「人びと〈民〉」の〈俗〉のことであり、「人びと〈民〉」の〈ヴァナキュラー〉」と同義であるからだ。

ただ、世の中の一部で、民俗学と同様に「民俗」も、何となく「古くさい」過去志向の概念だと誤解されているきらいがないわけではない。そのため、このような誤解に対して警鐘を鳴らし、誤解なき「民俗」概念の存在に人びとの意識を向けさせるための方便として、あえて、本書では「ヴァナキュラー」という目新しい語を用いるのである。

ヴァナキュラーの語を使ったからといって、「人びと〈民〉」の〈俗〉」としての〈誤解なき〉「民俗」の語を消し去ろうとしているわけではない。また、「民俗学」という学問名称を、何か別の名称に替える必要があるなどと考えているわけでもないのである。

第1部　身近なヴァナキュラー

第1章　知られざる「家庭の中のヴァナキュラー」

私は関西学院大学で「現代民俗学」の講義を担当し、毎学期、レポートを課している。課題は「まちかどヴァナキュラー」。世の中すべてをフィールドに（「まちかど」は象徴的表現）、「ヴァナキュラー」を発見して報告せよ、という課題である。「ヴァナキュラー」を見つける練習だ。講義で教えた「ヴァナキュラー」の定義（本書の序章一六、三一頁に書いてあるもの）をしっかり頭に叩き込んだ上で、その定義に該当するものごとを広く世の中に見出す。これがその見つけ方である。

学生たちが提出したレポートには、多種多様な事例が取り上げられている。その中で、毎回、かなりの数で含まれているのが、「わが家のヴァナキュラー」である。自分の家庭の中に見つけているのだ。

お母さんが創り出した化け物

一年生の女子学生が書いた「箕面《みのお》のおばさん」と題されたレポートは次のようなものだ。

「箕面のおばさん」を知っているだろうか。もちろん知らないであろう。「箕面のおばさん」とは、私の母が勝手に生み出した人物である。

私は大阪府池田市に住んでいる。隣の市は箕面市だ。私には姉が一人いるのだが、小さい頃、夜遅くなっても二人で騒いで寝ないことが多かった。そんなとき、父や母が「はよ寝ないと箕面のおばさんが来るで！」と言うのが定番であった。それでも寝ないときは両親にカーテンを開けられる。「箕面のおばさん」は、夜遅くなっても寝ていない子どもを見つけると襲いに来る。カーテンを開けた先に見える景色は古い家々であったため、さらに恐怖心が増した。とても不気味で姉とともにすぐに布団に入った記憶がある。

大きくなってから、いつの間にか「箕面のおばさん」が来るという警告はなくなった。ずっと忘れていたのだが、今回、このレポートを書くため母に「箕面のおばさん」について聞いてみた。母によると、私が小さい頃、テレビで「まんが日本昔ばなし」が放送されていた。その中の「三枚のお札」という物語に出てくる山姥《やまんば》を、私と姉は怖がっていた。怯えている姿を見た母が「箕面のおばさん」を創り出したそうだ。

「箕面のおばさん」は、箕面山に住んでいて、夜遅くなっても寝ない子どもがいると怒って下山してくるという。母が創った物語である。

いまでは姉が二一歳、私は一九歳となり、両親より寝る時間が遅いのは当たり前になっている。もう「箕面のおばさん」が現れることもないだろう。しかし私たちに子どもができて、その子が寝ないときは、きっとそのとき住んでいるところに近い山の名前を使って、「はよ寝ないと○○のおばさんが来るで！」と言うことだろう。

日本には、山姥のような怖い存在が山中にいたり、あるいは秋田県のナマハゲのような来訪神（時を定めて異界から訪れ、人びとに幸や福をもたらすとされる神）がやって来たりという民間伝承（ここでは、従来の民俗学が中心的な研究対象としてきた伝承のこととしておく）がたくさん存在する。[*1] そしてそれらは、右に出てくる「三枚のお札」のようにメディアで再生産され、社会に広まったりもしている。

「箕面のおばさん」を生み出したお母さんは、メディア経由の民間伝承に発想のヒントを得て、見事に新たな「来訪する化け物」を創出している。「箕面のおばさん」は、現代に生まれた立派なヴァナキュラーといってよい。

同様のヴァナキュラーは、あちこちの家庭に存在するようだ。

二年生の女子学生は「がおがお」について報告している。小学校二年生のときまで住んでいた家には、父親の部屋の壁に大きな暖簾《のれん》がかけられていた。暖簾に描かれていたのは、秋田のナマハゲで、家族はみんな、父の部屋を「がおがおの部屋」と呼んでいた。そして、この学生やそのきょうだいが幼かった頃、何か悪いことをすると、父が携帯電話を使って「今から来てくれる?」と「がおがお」に電話をかけるふりをした（父と「がおがお」は仲よしという設定になっていた）。するとタイミングを見計らって、母が玄関のチャイムを鳴らす。この演出の効果は絶大で、「これをされたあとは、優に一週間くらい、私たちきょうだいはいたずらをするどころか、率先して家の手伝いをするようになるのだった」。観光土産などとして売られているナマハゲの暖簾をもとに、この学生の家庭だけの新たなヴァナキュラーが生まれていることがよくわかる。

「ルルルのおっちゃん」というのもある。一年生の男子学生がレポートしたものだ。彼は、幼児のとき、ショッピングモールに行くたびに、洋服店にあるマネキンを指差して「ルルルのおっちゃん怖い!」と言って泣いていた（なぜルルルかは本人にも両親にもわからないという）。このことから、両親は、彼が親の言うことを聞かないと、「ルルルのおっちゃん来るで!」と言って静かにさせるようになったそうである。彼はこの話を紹介した上で、「いまでは、もうわが家で『ルルルのおっちゃん』が使われることはなくなった。そしてこれから先もないだろう。実際、このレポートを書くことがなかったら思い出すこともなかったはずだ。何か大切なものを思い出せたようでとてもうれしい。これからもわが家のヴァナキュラーを大切にしていきたい」と結んでいる。

以上のような「お母さんが創り出した化け物」には、子どもをしつけるという教育的機能が見出せる。

学校教育は、啓蒙主義的合理性を重視して行われる。家庭教育にもそうした面はある。だが、同時に、家庭内の教育、とくに「しつけ」のようなレベルでは、対啓蒙主義的な、すなわちヴァナキュラーな教育のあり方も大きな役割を担っていることが、これらの事例から理解できよう。

気仙沼の海神様

宮城県気仙沼《けせんぬま》市で行われている「海神様」の行事は、一家庭で子どもをしつけるために創造された「来訪する者」が、その後、地域の人びとを巻き込んで成長していった事例として興味深い。

この行事の開始は、一九八七年。明治時代から気仙沼の魚市場前で店を営んできた小山菓子店の四代目、小山隆市氏が仲間二人とはじめた。隆市氏の長男はいつも弟をいじめていた。それを見た隆市氏は、子どもたちに「この世には怖いものがある」ことを教えるため、秋田のナマハゲに扮して登場することを思いついた。これがこの行事の由来である。「海神様」は、二月中旬の土曜日に、ナマハゲの面・衣装を模した装束で登場する。最初は、小山家の中だけの行事だったが、うわさが町の中に広がっていき、自分の家にも来てほしいとあちこちから頼まれるようになった。隆市氏らはこれに応じ、この行事は、小山家のものから街の行事へと成長していった。

気仙沼の「海神様」（前川さおり氏撮影）

　近年では、住民によるボランティア組織がつくられ、そのメンバーたちが六体の「海神様」に扮し、五十鈴神社での「魂《たま》入《い》れ」後、市内を回っている。訪問する家の数は六〇を超え、各訪問先では「海神」の焼き印が押された木札を渡す。二〇一一年、気仙沼は東日本大震災の津波で大きな被害にあったが、倉庫にしまってあっ

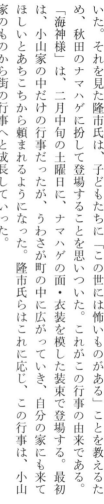

た面と衣装は流されずにすみ、翌年の「海神様」も実施された。二〇二〇年には三四回目を迎えている。

家庭のヴァナキュラーが、地域のヴァナキュラーにまで発展し、三〇年以上継続して行われている点、現在では、神社での「魂入れ」や護符のような木札の授与も行われており、子どもを脅かす来訪者は「来訪神」に昇格していると見られる点など、民俗学的にたいへん興味深い。

わが家だけのルール

家庭の中だけのルールも、多く報告されている。

「探偵！ナイトスクープ」という番組を知っているだろうか？　毎週金曜日の夜一一時過ぎから放送されている番組である。その番組の冒頭で、♪タッタタラ〜と音楽が流れるのだが、私の家ではそれが流れている間、家族みんなで手をグーにし、目を合わせてからリズムに合わせて首を振るというのがお決まりである。小さい頃から毎週金曜日の決まりで、父はそれをしないとなぜか怒り、録画したのを見る場合も、きちんと最初まで巻き戻して、♪タッタタラ〜からはじめるのである。

昔からやってきたからぜんぜん違和感がなく、これがふつうだと思っていたのだが、あるとき友達に話したら、誰もやっておらず、日常的に疑問に思わずやっていたことを奇妙がられた。

父にこの金曜日の習慣的なものについて聞いてみると、父は番組がはじまった一九八八年三月五日の第一回から、毎週欠かさず見ているらしい。最初は土曜日に放送されていたが、金曜日に変わった。土日が休みの父は、次の日が休みでうれしいため、お酒を飲んでハイになりながら見ていたそうだ。そして、この奇妙な振りは、結婚してから母と一緒に酔っ払ってはじめたのがきっかけで、私たちが生まれてからもずっと続け、家族を一番に考えている父は、家族そろって週末を過ごせるうれしさで毎週欠かさずにやっているらしい。振りには深い意味はなく、酔っ払ってハイになり不意にはじめたものらしい。

私も子どもができ、もしまだ「探偵！ナイトスクープ」が続いていたら、受け継いでいこうと思う。これはわが家のヴァナキュラーといえると思う。（大阪市出身）

〝毎週水曜日、家族で夕食を食べ終わり解散した後、再び集合する〟——わが家にとって、この行為は「暗黙の了解」である。私たちが集合してすること。それはカラオケである。この習慣は、私が一〇歳のときからはじまり、現在までの一一年間続いている。

　ことの発端は、それまで別々の仕事をしていた両親が、それまでの仕事を辞め、二人でカフェの経営をはじめたことである。かつては週末が休日であったが、仕事が変わったことにより、カフェの定休日である水曜日は、二人にとって一週間で唯一の休みになった。父は、その唯一の休日である〝水曜日〟を、彼が、一番の楽しみであると考える「家族一緒に過ごすこと」に費やしたいと考えた。しかし、子どもにとって水曜日は平日で、学校がある。だから、子どもたちが学校から帰宅し、夕食をとったあとの時間が、家族が集まれる唯一の時間となった。家族で話し合った結果、当時流行していたカラオケができるゲームソフトを購入し、わが家には、「水曜日の夕食後、カラオケをするために集まる」という習慣ができた。毎週、自然と家族がリビングに集合し、祖母はそのたびにお菓子を部屋から持ってくる。カラオケでは一人一人が好きな曲を二曲ずつ歌う。両親は一週間の疲れを発散させる。家族全員にとって、明日からのエネルギーへとつながる時間となる。

　時がたち、子どもである姉、私、妹は大学に進学した。夕方に授業やアルバイトを入れたり、夜中まで遊び通すこともできるようになった。しかし、私たち姉妹の心には、「〝水曜日の夜〟だけは予定を入れずに家に帰る」という意識が存在している。

この伝統行事ともいえる習慣は、私たち家族の愛を守り、深めさせているに違いない。いまや無意識に続いているわが家のヴァナキュラーだが、大人になるにつれ、私たちが家を出ていくまで大切に続けていきたいという意識も生まれた。将来家族ができたら、このように愛を守る家族独自の習慣を築きたいと思う。（大阪府南河内郡出身）

いろいろな家庭があるものだ。これらの事例は、家庭内だけで行われ、家の外では話題にされないだろう。民俗学のレポートがなければ明るみに出なかった事例ともいえる。

靴のおまじない

家庭内には、いろいろなおまじないも存在する。興味深いのは、靴に関するおまじないが多く報告されている点だ。レポートの集まり具合からすると、同様のおまじないをしている人は少なくないのかもしれない。次のようなものだ。

私の家では、新品の靴をお昼以降におろすときは、靴におまじないをする。新しい靴を履いて出かけようとすると、決まって「ちょっと待って！」とマーカーを持った

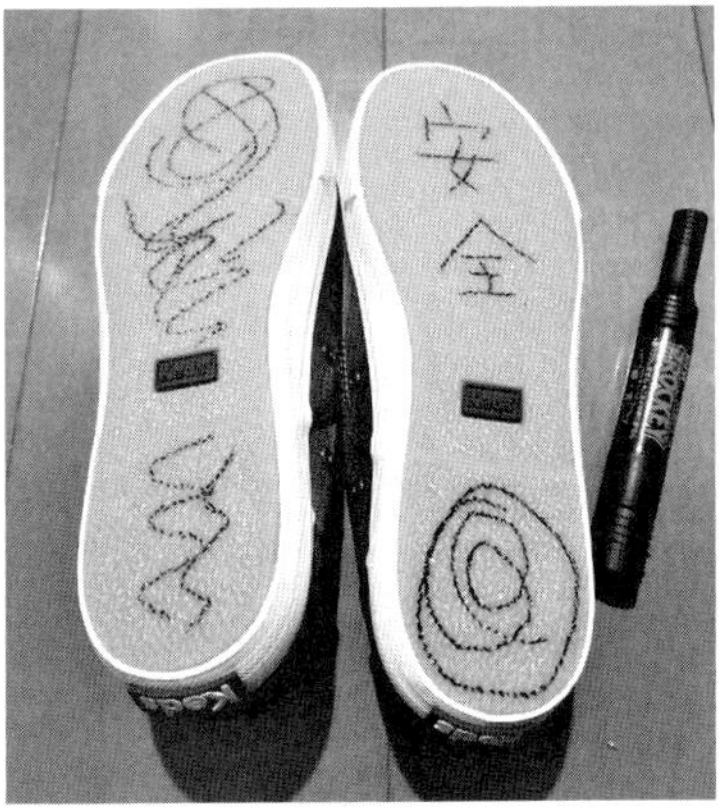

靴のおまじない（高橋すみれ氏撮影）

母に止められたものだ。新品の靴にするおまじないとは、靴の裏をマーカーで汚すことだ。適当にぐちゃぐちゃと塗りつぶしたり、文字を書いてみたり。とりあえず、靴の裏がきれいなままで外に出ないようにすればいいらしい。詳しいことはわからないが、ゲンかつぎの一種なのだろうとは思う。もしもおまじないをしなければモヤモヤするだろう。一人暮らしをはじめて、おまじないをしてくれる母がいなくても、新しい靴を午後におろすときにはおまじないをしている。

この習慣を母に聞いたところ、祖母がずっとやっていたから自分もやっている、ということだった。ちょうど新しい靴があったのでおまじないを実践してもらうと、母は「安全」という文字を書いた。同じように祖母にも尋ねると、祖母もまた「母親がやっていたからやっている」と教えてくれた。なぜやるのか疑問を持ったことはなかったという。ちなみに祖母はいつもこのおまじないをするときに、幸福の「福」の字を書くそうだ。靴の裏に「福」を書くというのは、福を踏みつぶしているようにも思えるが、そうではない。祖母が言うには、足元から守ってもらえるようにという意味らしい。母も祖母も、それぞれの願いを込めておまじないをしていた。

靴は自分を支えて、いろいろな場所に連れていってくれるもので、安全と幸せのために重要であるから、おまじないで願いを込めるのだと思う。

（浜松市出身、祖母は福岡県出身）

類似した内容のレポートには、以下のものがある。

やむをえず夜に新しい靴をおろす際には、靴底をライターやマッチであぶる。これは母が小さい頃からあった儀式らしい。祖母によると、「悪霊は火を嫌がる」という性質を利用した魔除けだそうだ。

（豊中市出身）

私の家には、新しい靴をおろすときのおまじない的なものがある。日が暮れた夜に出すときだけだが、大きな声で「朝おーろした！」と玄関で言い、片方ずつ靴底にぺっぺっと唾を吐いておくというものである。これはわが家のルールで、当たり前にみ

んなやっていることだと思っていたが、中学のとき、わが家だけの独特なルールであることを知った。（神戸市出身）

私の家では、午後に新しい靴をおろすとき、塩をまく（靴の中には入らないように）。（福岡市出身）

私の家では、新しい靴をおろすのは午前のうちである。午後から出かけるときでも、午前のうちに玄関には出しておく。そして午後から履くときは、靴を履く前に固形墨を靴の裏のかかと部分にこすりつけて汚す習慣がある。（大阪市出身）

私の家では、新しく靴を買ったとき、それをはじめて履くのは朝から昼の間にしなさい、と言われている。そして、履く前には、いままで履いていた靴の靴底と新しい靴の靴底をすり合わせてから履くという習慣がある。親曰く、こけたりしないようにするためらしい。（尼崎市出身）

これらを見ると、午後（そして夜）に新しい靴をおろしてはならず、やむをえずそれをするときには、何らかのおまじないをしなければならないと考えられていること、おまじないの内容は、「文字などを書く」「火であぶる」「唾を吐く」「塩をまく」「固形墨をこすりつける」「古い靴と新しい靴の靴底同士をこすりつける」などとなっていることがわかる。

なぜ、このようなおまじないが行われているのだろうか？

理由は、葬式を連想するからだ。かつての村落社会（だいたい第二次世界大戦前まで）では、死体を焼かずに埋める土葬が多かった。埋めるための墓穴は、村の男たちが協力して掘る。その作業は午前中いっぱいかかった。すると、家から棺を出し、親族や村の人たちが行列をなして墓地まで死者を送る野辺送り（野辺は、「野のあたり」の意味で、そこには墓地があった）は、午後になる。送られる死者には、「死に装束」（死出の旅路に着る衣服）といって白色の新しい着物を着せた。そのとき新しい草履も履かせた（現在では履かせずに棺の中に入れる場合もある）。

また、土葬ではなく比較的早くから火葬が導入されている地域もあったが、現在のような火力の強い火葬場はなかったので、死体が焼けるのに長時間かかった。そのため夕方から焼きはじめ、遺族たちはいったん家に帰り、翌朝になって収骨をするというパターンが多かった。この場合の出棺は、夕方（夜）になってからであった。[*2]

　これらの事実は「午後・夜＋新しい履物＝死」を連想させ、この組み合わせが死や不幸を引き起こすのではないかという恐怖を感じさせた。だから、午後・夜に新しい履物をおろすのは避けなければならないとされ、万一、おろさざるをえない場合は、何らかの加工・行為をすることで、靴が新しいものではないことにしなければならなかったのである。

第２章　キャンパスのヴァナキュラー

アメリカの民俗学では、大学で生まれたヴァナキュラー、すなわちキャンパス・ヴァナキュラーの研究がさかんだ。キャンパス内の伝説、さまざまな儀礼やパフォーマンス、学生競技、寄宿舎での習慣などが分析されている。[*1]

日本の大学にもキャンパス・ヴァナキュラーはたくさんある。いくつか事例を紹介してみよう。

関学七不思議

私が勤務する関西学院大学（関学）では、学生たちの間で「関学七不思議」という伝説が語り継がれてきた。「七不思議」といっても、実際にはもっと多くの語りが存在しており、またどの話を七不思議に含めるかは語り手によって異なるが、一例をあげると、次のようになる。

七不思議の舞台（手前が中央芝生、奥が時計台。関西学院大学西宮上ケ原キャンパス）

塗りつぶされた窓（2階部分。関西学院大学西宮上ケ原キャンパス）

①　経済学部と文学部の間には地下通路がある。現在閉鎖されているが、それには次の理由があった。ある女子学生が春学期の定期試験期間最終日に、興味本位でその通路に入っていった。ちょうどその直後に通路の閉鎖時間となり、警備員が通路の出入り口を施錠した。中に閉じ込められた女子学生は、地下から出ることができずに夏休み中放置され、秋学期がはじまって通路の扉が開けられてから死体となって発見される。その扉には中から引っ掻いた無数の爪痕が残っていた。それ以来、この通路は通行禁止となった。

②　夜一一時過ぎになると、商学部前の新月池付近を女性が歩いている気配がする。振り返ると姿は消えている。

③　経済学部の建物の二階には、白く塗りつぶされた窓がある。昔、この窓から飛び降り自殺をした人がおり、以後、この窓を塗りつぶした。

④　一回生の七夕までに彼氏・彼女ができないと、四年間ずっとできない。

⑤　中央芝生には、クロス状に道が通っているが、その交点にはＵＦＯが着陸することになっている。

⑥　時計台の下で告白したカップルは、絶対に別れる。

⑦　一日に三人、神学部の学生に会うと良いことがある。

このうち⑦については、効果を求めて実際に行動に出る学生もいるらしい。ある学生のレポートには、「私の友達の中では、何か勝負事があるその当日には、みんな神学部のまわりをうろつくことが当たり前になっています」と記されていた。

以上の七話以外にも、「中央芝生の一角に一年中湿っている場所がある」、「某学部の某教授は、雨の日も絶対に傘をささないで自転車で疾走している」、「某学部の某教授は、ゼミ生の選考にあたって、美人しか入れない」、「キャンパスの中に小人像が七体（「七人の小人」）あるはずなのだが、七体目は絶対に見つからない」などいろいろな話が語られている。

一九六〇年代末に関学で学生生活を送ったミステリー作家のかんべむさしは、学生生活の思い出を描いた『上ヶ原・爆笑大学〈新版むさしキャンパス記〉』（クリーク・アンド・リバー社、二〇一五年）という実録小説の中で、七不思議に触れている。そこでは、「本当に七つあるそうだが、ぼくは四つしか知らない」として以下の話が取り上げられている。

①　中央芝生の一部は、どんな炎天下にも常に水を含んでジメジメしている。

②　中央芝生に建てられた旗竿が、風もないのにピュンピュン鳴る。
③　時計台には前面、左側面、右側面の三面に時計があるが、裏側の一面にはない。なぜなら、かつては四面すべてにあったのだが、あるとき失恋した学生が時計台の裏側の面から飛び降り自殺をした。そのとき、時計もあとを追うかのように落下した。以後、何度時計をつけなおしても、一夜明ければ落下する。そのためその面だけには時計がない。
④　経済学部校舎二階の窓が壁土で塗りつぶされている。失恋した学生が二階の教室から飛び降り自殺をし、そのあと、その教室では授業があるたびに窓が開き、ドスンという音や、うめき声が聞こえるようになった。そこで、大学当局の手でその窓が塗りつぶされたのだ。

この四話のうち、①と④は、現在でも語られている。かんべが関西学院大学に在学したのは一九六七年から七一年の間なので、五〇年以上、語り継がれていることになる。

さて、学生たちに聞いてみると、「七不思議」の話は、入学して数か月がたって学生生活にも慣れてきた頃、クラブやサークルの先輩から聞かされて知ったというケースが多いようである。クラブ・サークルの合宿は、「七不思議」を含めた「都市伝説」の格好の語りの場となっているらしい。

「七不思議」を取り上げた学生のレポートに、『七不思議』を知ってこそ、関学生として一人前になるのでは？」と書かれていた。おそらく学生たちの間でそうした実感が共有されているのであろう。

新入生がそれを身につけることで「関学生」になっていくとされるものは、「七不思議」だけではない。関学生の間だけで通じるキャンパス用語もそうしたものの一つである。

キャンパス用語

関学生たちが使うキャンパス用語の例をあげてみよう。


ナイバー（内部 er）：関西学院高等部からの内部進学者。

ディープナイバー（Deep 内部 er）：中学部から関西学院に在籍している者。

テヅキッズ：帝塚山学院高校（関西学院大学継続校という位置づけ）の出身者。

銀座通り：上ケ原キャンパス中央を横断するメインストリート。さきに取り上げたかんべの小説にも登場するので、五〇年前からこの語があったことがわかる。

ちゅうしば（中芝）：「七不思議」の舞台にもなっている中央芝生のこと。昼休みや放課

おりこう学部（理工学部）　理工学部は「お利口さん」が多い？

社ガール　社会学部の一年生女子。「社会学部は美女が多い」とされていることから。当然のことながらシャガールと掛けている。

社レディ　社会学部二年生女子。

社マダム　社会学部三年生女子。

社バーバ　社会学部四年生女子。

これらは、一種の言葉遊びである。当たり前だが、「事実」が表現されているわけではない。

運動部の曲がり角の挨拶

運動部に根づいたヴァナキュラーも多い。

たとえば、次のような習慣がその一例である。

カヌー部には、「艇庫《ていこ》（船の倉庫）の曲がり角を曲がるときには毎回必ず挨拶をしなければならない」という独自の決まりがある。艇庫は、芦屋市海洋体育館にあり、ここがカヌー部の練習場所だ。艇庫は、敷地の入り口から進んで左に直角に曲がったところにある。この曲がり角を曲がるとき、先輩であろうが後輩であろうが、大きな声で必ず「おはようございます」と挨拶しなければならない。強調しておきたいのは、「毎回必ず」という点である。たとえば、朝、艇庫に来て「おはようございます」と挨拶したあと、トイレに行くために艇庫を離れ、また戻ってくるときにも「おはようございます」と挨拶する。私は入部した当初は、なぜ同じ挨拶を何回も、しかも誰に対してしているかもわからない状態でしなければならないのかと困惑したものだ。実際、これには挨拶の意味はないに等しい。

しかし、部員たちはいやいや挨拶をしているわけではなく、むしろみな明るい大きな声で挨拶している。そこにはカヌー部独特の意味があるのだ。それは「ムードづくり」だ。挨拶で大きな声を出すことでチームのムードを盛り上げる。挨拶する人、つまり部員全員がムードメーカーになり、チームを盛り上げるという意味が込められている。また大きな声を出すことで自分自身のムードも高めることができ、自分がカヌー部の部員であることを再認識し、オンとオフの瞬時の切り替えの手段としての意味もある。

他の人から見れば異様な光景かもしれない。しかし、カヌー部にとってこの習慣は、カヌー部のカヌー部たるものを証明し、カヌー部のアイデンティティを確認する大切な習慣となっている。

（三年生、カヌー部所属）

「ムードづくり」「アイデンティティ」といった精神的な効果が自覚されている点が興味深い。

運動部の活動にはシビアな試合が伴うため、縁起かつぎのヴァナキュラーも生まれている。射撃部に伝わる「能勢神様《のせがみ》」がその一例である。同部の学生が書いたレポートには次のようにある。

射撃部には、能勢射撃場に行く途中で「能勢神様」を見かけると、試合でよい点数が出せるという言い伝えがある。射撃の試合が行われる場所は限られており、関西では大阪府豊能《とよの》郡能勢町にある国体記念スポーツセンターのライフル射撃場が会場になることが多い。「能勢神様」とは、この射撃場付近に出現するある老人のことである。「能勢神様」は、手を振ると、すごく愛嬌のある笑顔を浮かべて手を振り返してくださる。自分も新人選に行くとき見かけた。そのときの試合では、悔しくも一点差で

FINAL（決勝戦のようなもの）に進むことはできなかったが、そこそこいい点数が出せた。「能勢神様」は、おそらく近くに住んでいる方だと思われるのだが、詳細は不明である。この老人が「能勢神様」と呼ばれるようになった経緯、時期は先輩にも聞いてみたのだが、わからないとのことだった。

（二年生、射撃部所属）

次に、ボート部の「エッセン」（部員が食べる栄養管理された食事）についてのレポートを見てみよう。

エッセンとは、ボート部のマネージャーがつくるご飯のことである。ボート部では、遠征や試合のときはもちろん、ふだんの練習のときもマネージャーがつくった食事をとっている。ボートの練習は、一回の練習で二〇〇〇キロカロリーから三〇〇〇キロカロリーを消費するくらいきついものである。だから、個人で食事をしていたら筋肉も体重も減る一方で、強い肉体は生まれなくなる。そこでマネージャーが栄養管理した食事をとる必要がある。早朝練習が終わったあとの「朝エッセン」、休日の午前練習が終わったあとの「昼エッセン」、午後練習が終わった後の「夜エッセン」がある。メニューは、朝はライス・卵・納豆・味噌汁、昼は丼物、夜は二〜三種類のおかずと汁物である。お米は最低でも男子が六六〇グラム、女子で三三〇グラム食べなければならない。

（二年生、ボート部所属）

エッセンは、「食事」を意味するドイツ語である。ボート部の学生に聞いてみると、他大学のボート部でもこの言葉が使われているという。実際、ネット検索でも確認できた。関学ボート部の創設は一八九四年、明治時代である。また他大学のボート部でも戦前に創部されたものが少なくない。

実はエッセンは、ゲル（お金）、メッチェン（若い女性）、リーベ（恋人）、トリンケン（酒）などと並び、戦前の旧制高校で使われた、学生生活に関わるヴァナキュラーな用語で、ドイツ語起源である。旧制高校の学生たちは、自分たちだけに通じる隠語としてこれらを好んで使っていた。ボート部の「エッセン」は、それが現在まで生き延びている例だと考えられる。ちなみに、現在の大学生もよく使うコンパ（仲間との宴会）やアルバイト（学生のパートタイム労働）も、生き延びた旧制高校生用語である。[*2]

ところで、興味深いのは、関学に限らず、各大学のボート部関係者の「エッセン」への愛着やこだわりである。ボート部学生たちのインスタグラムやツイッターには、「きょうのエッセン」とか「最終エッセン」（引退前に食べる最後のエッセン）とか「またエッセンが食べたい」（OBの発言）などの記事がたくさん見られる。相当な思い入れである。「同じ釜の飯を食う」という慣用句がある。民俗学では、人びとがともに食事をすることを「共食」と呼び、多くの事例を観察してきた。その結果、「共食」には、人と人との結びつきを強める働きがあることが明らかになっている。「エッセン」もまさにこの「共食」に該当する。エッセンは、栄養摂取の手段であると同時に、部員の連帯を強める役割を果たしている。そして引退後の人生においては、クラブの連帯感とともに想い起こされる懐かしい記憶となっているのである。

「こんにちはです」

キャンパスのヴァナキュラーは、寮にもある。

関西学院大学には男子寮が三つ、女子寮が二つある。私が暮らすのはその中の清風寮という女子寮だが、ここでは奇妙な日本語が使われている。挨拶のとき、寮生たちは、「こんにちは」「ただいま」ではなく、「こんにちはです」「ただいまです」を使う。また、一回生の場合は先輩に対して「おはようございますです」「いってらっしゃいです」「おやすみなさいです」とまで言う。これらの日本語の使い方は、入寮の際に先輩から教えられる。先輩によると、いまよりもはるかに寮内の上下関係が厳しかった時代の寮生の間で、「先輩に『ただいま』って何か失礼じゃない？」という話になって、それ以来、とりあえず丁寧な言葉を使おうという試みが行われ、こうなったと聞いた。

入寮したての頃は、新入寮生はみんな、「この奇妙な日本語は正しい敬語ではないので、使う意味がわからない」と感じていたし、かなり抵抗感を持つ人もいた。でも、生活していくにつれ、みんな、この奇妙な日本語が当たり前のものとなってしまった。いまでは、「です」をつけないと気持ち悪いくらいに感じる人さえいるようである。

しかし、寮生以外の先輩に対しては、みんなふつうの敬語を使っている。奇妙な日本語は、寮生だけのヴァナキュラーだ。（三年生、女子寮生）

たしかに不思議な日本語だ。だが、これを生み出し、使っている学生たちの立場に立つと、それなりの必然性も想像できる。寮の後輩が先輩に対して敬語を使いたいと思ったとき、「いってらっしゃいませ」「ただいま帰りました」とするのは何だか丁寧すぎるし、気恥ずかしい。かといって、「いってらっしゃい」「ただいま」ではぞんざいな感じがする。そこで新たに生み出された中間的な表現が「いってらっしゃいです」「ただいまです」なのではないか。そう考えると何となく同情的な理解ができるような気がする。

もっとも、「こんにちは」「おはようございます」「おやすみなさい」の場合は、それだけで十分丁寧に感じられるはずだが、ひとたび「です」をつけるというやり方が採用されれば、あらゆるものに対して使われるようになるというのも一つの流れとしてはありえるだろう。そうして「こんにちはです」「おはようございますです」「おやすみなさいです」が発生したのではないか。

「おかしな日本語」といってしまえばそれまでだが、なぜこのようなヴァナキュラーが生まれたのかについて内在的に（＝当事者の立場に立って）理解するならば、頭ごなしに「間違っている」として否定することはできなくなってくる。

また、この表現を共有することで、寮生たちは「自分たち意識」、つまり寮生としてのアイデンティティを確認しているのだと考えることもできるだろう。

レポートには、「寮生以外の先輩にはこのような表現は使わない」と書かれている。それならば、私は、これをある種の方言（方言は、まさにヴァナキュラーだ）のようなものとして、そっとしておこうと思う。

目覚ましは「ごみの歌」

下宿生活の中で生まれるヴァナキュラーもある。

宝塚市ではごみ収集の際に収集車のスピーカーから宝塚市歌を流している。私は広島出身で宝塚市に下宿して二年目になる。広島ではごみ収集車のメロディーを聞いたことがなかったので、はじめて聞いたときはものすごく驚いた。最初、その音が何かわからず、非常に不気味だった。学校のチャイムとは違い、近づいてきたり遠ざかったりで音量が大きく変化するからだ。

この音楽、部屋の中まで聞こえてくるうるさい爆音で、迷惑だと感じる人もいるかもしれないが、慣れてくるとこの歌は私にとって「救いの歌」になった。この音で目が覚め、遅刻を免れたという経験が何度もあるから「救いの歌」なのだ。以前、私が、「今朝、遅れそうだったけど『ごみの歌』で起きて間に合った」という話を複数の友人にしたところ、反応が分かれた。それもそのはずで、下宿している友達ならみんながこの歌を知っているだろうと思っていたけれど、ほとんどの友達の下宿先は西宮市で、宝塚市ではないのでこの歌を知らない。宝塚に住んでいるのは少数派だ。そのため、私は宝塚市に下宿している学生を見つけると、必ず「ごみの歌」の話をしてしまう。すると話が盛り上がり、友達と「ごみの歌」を口ずさんでしまう。そして、そのときものすごく仲間意識を感じてしまうのだ。

（三年生、宝塚市在住）

地方から大学に進学し、新しい街で下宿生活をはじめる。最初は驚きだったものごとも、だんだん自分の生活の一部になる。ごみ収集車から聞こえてくる音楽も、自分の世界を構成するサウンドスケープ（音の風景）の中に取り込まれ、愛着を感じるようになる。

ごみ収集車の音楽そのものは、ヴァナキュラーではない。行政が運営する清掃事業という制度の中で、ごみ収集車が接近することを知らせるために使われている音楽であり、目覚ましのためのものではないからだ。だが、人はそれを生活の中に取り入れ、行政側が思ってもいないような使い方をする。愛着を感じ、友達とその感覚を共有したりするようにもなる。ここには、公式的な制度上の事物が、非公式的な存在、ヴァナキュラーな存在に転換していることが見て取れる。

第３章　働く人たちのヴァナキュラー

1　消防士のヴァナキュラー

アメリカの消防署

アメリカの民俗学では、警察官や消防士、キャビンアテンダント、オフィスワーカーなど、さまざまな職種の人たちの仕事の中で生み出され、実践され、伝えられるヴァナキュラーを調査した成果が蓄積されている。

最近、アメリカで刊行された『生きているフォークロア』（*Living Folklore*）という民俗学の教科書[*1]には、現地調査レポートのサンプルが収められているが、その中の一つに、大学生が消防署に通ってヴァナキュラーを調査したレポートがある。

大学一年生のジョー（Joe Ringler）は、フィールドワークのレポートを書くために、街の消防署「ステーション１２１」に赴いた。はじめての調査でドキドキしたが、勇気を振り絞って中に入ると、消防士の一人が彼を迎え入れ仲間に紹介してくれた。ここから彼は、半年間この消防署に通うことになり、「外側からはわからない」次のことを明らかにしていった。

・消防士たちは勤務体制上、三つのチームに分かれている。
・それぞれのチームには、個性があり、メンバーたちは自分のチームを兄弟、家族のように思っている。
・この消防署の「エンジン１２１」と呼ばれる消防車には個性と「人格」が認められている。
・消防士たちは火災現場ですぐれた「技」を発揮している。
・消防士たちは、署内でともに食事をし、ゲームをし、ジョークを言い合い、楽しみを見出している。

これらの点について指摘した本文を読むと、消防士たちの日常において、ジョークと食事がとくに重要な要素となっていることがわかる。

仲間同士でのジョークの応酬が、危険と隣り合わせの緊張した仕事に従事する消防士たちの精神のバランスを保つのに役立っていることや、仲間同士で自炊してとる食事が、彼らの一体感を生み出す重要な機会になっていることが読み取れるのである。

消防うどん

日本の場合はどうか。日本では、消防署を対象とした民俗学的研究はまだ行われていないが、消防署のヴァナキュラーとして指摘できるものとして、「消防うどん」「消防めし」をあげておきたい。[*2]

「消防うどん」とは、消防士たちが署内でつくるうどんのことである。出動指令がいつ出されるかわからないので、食事のために外出することはできない。自分たちで簡単につくれてすぐに食べられるものがうどんである。

それぞれの消防署で、毎日のようにうどんがつくられている。調理にいろいろな工夫もされるようになり、味のレベルもどんどん上がってゆく。消防署ごとの個性も出てくる。いつしかこのうどんは、「消防うどん」の名で呼ばれるようになった。

「川崎市消防局の賄い飯『つけ麺うどん』、結束強める伝統の味」と題された『神奈川新聞』二〇一二年一一月二〇日付記事は、神奈川県川崎市川崎消防署の「消防うどん」について紹介している。

川崎市消防局で50年以上も脈々と受け継がれてきた伝統の賄《まかな》い飯がある。その名も「消防うどん」。出動に備えて消防署を離れられない当直員の昼の定番メニューで、若手が自ら調理に当たりその味を伝承してきた。なぜ、うどんなのか。そこには消防署ならではの事情がいくつもあった。

11月中旬のとある昼前、手の空いている当直員3人が川崎消防署内の食堂に集まった。筋骨たくましい体つきからは想像もできないほど、手つきは慣れたもの。ネギや白菜を次々と刻み、調味料で汁の味も調えていく。この日は30人分を作る予定だ。

「消防士になるまで料理経験はなかった。怒られながら覚えました」と三船翔消防士(22)。30分ほどでしょうゆベースの汁が完成し、これにゆで上げたうどんをつけ麺風にして食べるのが消防うどんだ。好みで天かすやラー油、ごまを加える人もいる。

発祥は不明。1968年採用の職員の話では、入庁時にはすでに、市内の全署共通の賄い飯として存在していたという。

食材は白菜やネギ、タマネギ、キノコ類、油揚げ、肉など時価で安いものを使用。購入費は当直員全員で負担している。

庶務課広報担当の小林裕次係長は、うどんが選ばれた事情をこう解説する。「作るのが簡単で、短時間でも食べられる。当直員はいつ出動要請があるか分からず、そこに尽きる」

つけ麺にしたのも理由がある。当直員の昼食時間は出動に左右され不規則になりがち。つけ麺ならば、電子レンジで温めるだけでいつでもおいしく食べられるというわけだ。

自己調理を貫くのは、仕出し弁当などでは集団食中毒が懸念されるため。大量に長期間保有できる乾麺にこだわるのも、災害発生時の食料備蓄的な意味合いがあり、常時１カ月分ほどをストックしてあるという。

ほぼ毎日食べるため、飽きないよう味のバリエーションは豊富。しょうゆ味の「ノーマル」のほか、カレー、みそ、塩などが定番で、肉が高い時期に代用したサバの水煮缶は「サバうどん」として定着した。

後輩が作ったうどんをすすりながら、原健次郎消防士長（31）は「味はきちんと受け継がれている」と納得顔。この日唯一の女性当直員だった小沢朝美消防士（25）は「全然飽きないのが不思議。逆にうどんじゃないと体が動かない」。

小林係長は「自分たちで作った同じ釜の飯を食べることで、結束を強める効果もあるのでは」と語った。

「消防うどん」は、消防署が地域で行う広報イベントなどにも登場することが多い。たとえば、二〇一九年に行われた「かながわ消防フェア2019in小田原城」では、消防音楽隊の演奏、消防車両の展示、はしご車乗車体験などとともに、「消防うどん」試食コーナーが設けられている。

消防めし

消防署の食事は、うどんだけではない。「消防めし」と呼ばれるさまざまなメニューの料理がつくられている。

愛媛県西条市の西条市消防本部のウェブサイトには、「～早い・安い・旨いへの挑戦　消防メシ～」と題された記事が掲載されている。[*3] 前書きに、

西条市東消防署・西消防署には、消防・救急・救助の3つの係員がおり、24時間勤務で働いています。

その中で重要なのが食事であり、17時過ぎからは自分たちで作っています！　いつ

出場になるかわからないのでスピードも大事ですし、コストは安く、そしておいしさへの追求も欠かせません。
　訓練や現場からの帰署後に食べる、消防士のパワーの源をご紹介します。

と書かれ、そのあとに、「炊飯器おでん」「豚バラのもつ鍋風」「元気もりもりスタミナ丼」「とっても簡単チキン南蛮」「時短で子どもも喜ぶ炊飯器ピラフ」「さつまいもご飯&屋台風焼うどん」「から揚げ定食」「冷やし中華」「焼き鳥丼定食」「生姜焼き定食」の詳しいレシピが掲載されている。
　また、「消防・消防団・警察・海保・自衛隊をサポートする通販サイト シグナル」のウェブサイトには、消防関係者向けのさまざまな情報とともに、「消防めし」の連載コーナーが用意され、第1回「田園調布消防署 署員やみつきの絶品ビーフストロガノフ」（二〇一七年六月）から、第11回「佐伯市消防本部宇目《うめ》分署 胃に優しくてスタミナばっちり！肉吸いとあつめし＋ごまだしうどん」（二〇一九年一一月）まで、全国各地の「消防めし」が紹介されている。[*4]
　各地の消防署は、それぞれ自署の「消防めし」に強いこだわりを持っていると思われるが、とりわけ熱心なのが岡山県の真庭市消防本部である。フェイスブックに「消防士の台

「消防士の台所 in 真庭」ポスター（真庭市消防本部）

所」というページを持ち、毎日、消防署の話題とともにその日の「消防めし」を写真に撮って投稿している。

　また、同本部は、二〇一九年から「消防士の台所 in 真庭」という「消防めし」に特化したイベントを開催している（二〇二〇年現在、第二回まで開催）。第二回は、二〇一九年一一月に行われた。「真庭消防署を代表する料理自慢が集う!!　接客もレジ打ちもすべてが消防士。消防士づくしのスペシャルデー」と書かれたポスターも用意された。午前一一時から午後三時まで、消防本部に一般参加者を招き、一食五〇〇円で「消防めし」が提供された。

　以上、「消防うどん」「消防めし」について概観したが、まとめると次のようになる。

「消防うどん」「消防めし」には、外出せずに簡単につくることができて、早く食べられる特徴がある。そして毎日食べるから飽きないための工夫が凝らされており、それだけにこだわりも大きい。同じ釜の飯を食うことによる連帯感も醸成されている。

ここまでは、消防署の内部での話であるが、「消防うどん」「消防めし」の面白いところは、消防署とその外側の社会とを結ぶ役割も担うようになっている点である。

消防署の人たちが自ら進んでウェブサイトやＳＮＳで「消防うどん」「消防めし」を紹介し、一般社会向けの広報イベントでもそれらの試食コーナーを設けている。

これはつまり、「消防うどん」「消防めし」というヴァナキュラーな「食」が、消防署とその外側の社会とを結ぶ役割も果たすようになっているということである。ヴァナキュラーなものには、その担い手の個性が表出する。そこで、担い手たちは、自分たちの個性的な世界を、ヴァナキュラーを通して外部の人びとに伝えることができる。ここでは、ヴァナキュラーは、人と人、内部と外部を仲介する媒体としての機能を果たしているのである。

2　トラックドライバーのヴァナキュラー

トラックドライバーの挨拶

最近刊行された橋本愛喜『トラックドライバーにも言わせて』（新潮社、二〇二〇年）には、トラックドライバーのヴァナキュラーといえる事例が、多く紹介されていて興味深い。現在、ライターとして活躍する著者の橋本は、かつてプロの女性ドライバーとして大型トラックを運転していた経歴を持つ。本書はその経験をもとに書かれたものだ。

橋本の記述から、トラックドライバーのヴァナキュラーといえるものを拾い出すと、次のようになる。

①　長距離ドライバーの車内には、必ずといってよいほどハンズフリーで話せるマイクやスピーカーがある。走行中や休憩中、人恋しくなると「グルチャ」と言われるSNSのグループトークなどで仲間と会話する。渋滞情報を交換したり、互いに励まし合って居眠り運転をさせない環境をつくったりする。そこには強い仲間意識、助け合い

の気持ちが見られる。

②　トラックドライバーたちは、高速道路や幹線道路でのトラック同士のすれ違い（無線用語に由来する業界用語で「スライド」と呼ばれる）の際、それがほんの一瞬のことであっても、知り合いや同じ会社のドライバーを見つけ出し、グルチャのときや帰庫後に「さっき○○あたりでスライドしましたよね」とひと盛り上がりする。

③　赤信号で停車中、対向車線の先頭に右折しようとしている乗用車があり、その後ろにトラックが止まっている場合、トラックドライバーは、信号が青に変わってもすぐには発進せず、対向車線の乗用車を先に右折させる。理由は、乗用車の後ろに止まっているトラックを速やかに発進させるためである。トラック同士は見ず知らずの関係である。それでもこの習慣は暗黙のマナーとなっている。前にいる乗用車の右折待ちをすることなく発進できたドライバーは、対向車線のドライバーに対して手を上げて挨拶する。相手も挨拶を返す。ここにもドライバー同士が助け合う仲間意識が見られる。

④　「仕事部屋」であり「自室」である車内の内装を、自分好みのものにカスタマイズする。たとえば、シフトノブ（ギアチェンジに使うレバー）を標準装備の丸型のものから長い棒状のものに替えたりする（デザインは、気泡の入ったクリスタル型が定番で、

ときには「刀」の形をしたものまであるという)。

⑤　路上にトラックを停車させ、ハンドルに足を上げての休憩。これは、道路交通法上は違反であるが、やむをえない理由がある。厚生労働省が出した「自動車運転者の労働時間等の改善のための基準」に、四時間走ったら三〇分休憩しなければならないという決まりがある(この決まりをドライバーたちは、「430」と呼んでいる)。また、到着時間を荷主の都合に合わせるため、トラックの時間調整をしなければならないなどの理由から、停車可能な場所が必要なのだが、そのような場所はなかなか見つからない。やむをえず路上駐車となってしまう。

また、足をハンドルに上げるのは行儀が悪い行為だが、長時間の運転では「エコノミークラス症候群」のように足がむくんでしまい、それを解消するのにちょうど良いからである(大型トラックの場合、運転席の後ろにベッドが付いている車両が多いが、蓄積している疲労から寝過ごすリスクが増大するため、運転席での仮眠が選ばれる)。

外からは、なかなか知ることのできないヴァナキュラーの数々である。

橋本によれば、ドライバーたちは、「スピードは出すな。途中休みも取れ。でも遅れるな。早く着いても近くで待つな」というような無理難題を突きつけられながら、過酷な労働条件で日々トラックを運転している。それとともに、彼らは「『自分たちは日本の経済活動には欠かせない仕事をしている』という強い誇りを持って日本各地を走っている」。だが、「世間にはなかなかその内情が理解されず、邪魔だの、遅いだのと文句ばかり言われるため、同業者同士、自然と仲間意識が強くな」る。

こうした背景、つまり過酷な労働環境や、周囲からの無理解の中で、何とか生き延びていくために生み出された工夫や、ドライバー同士の連帯感が生み出す行動や表現。これらがトラックドライバーたちのヴァナキュラーである。

CB無線での会話

もう少しトラックの話を続けたい。

私は、二〇〇八年に北海道札幌市の飲み屋で、たまたま知り合った七〇代の元ダンプカー運転手の男性から、大型トラックのドライバーたちが使う無線の興味深い話を聞いたことがある。

大型ダンプに砂利や石炭などを積んで、三〇年以上道内を走り回ってきた彼は、CB無線[*5]と呼ばれるトラック無線の愛用者だった。現在は、SNSにとって替わられているようだが、かつては大型トラックなら必ずといってよいほど、CB無線機が運転席に設置されていた。

　ドライバーたちは、ニックネームのような「コールサイン」を勝手につくり、独自の用語を駆使しながらさかんに無線で会話していた。実は、彼らの無線機は、電波法で定められた出力をはるかに超える闇無線機（アメリカ向け輸出用に製造された国産無線機を、闇ルートで入手したもの）を無免許で使用するものである。正規の無線機（工事現場などで使うごく近距離でしか通話できないもの）では到底届かない、半径約五〇キロの範囲内にいる仲間との会話が楽しめたという。無線を使って仲間とドライブインで待ち合わせたり、眠気覚ましの会話をしたりと、ドライバー生活には不可欠のコミュニケーションツールだったそうだ。

　アメリカ民俗学では、こうしたトラックドライバーたちのCB無線も研究対象とされている。アメリカ人民俗学者のスーザン・カルシックによる「CBコミュニティ――現代世界のフォークロア」という論文には、「CB無線では独自のスラングと物語がさかんにやりとりされており、それらは『CBフォークロア』というべきものだ」と書かれている（Susan Kalčik, "The CB Community: Folklore in the Modern World," *Folklore in Your Community*, Smithsonian Institution, 1979）。

　また、ジャン・ハロルド・ブルンヴァンという民俗学者が編集した『アメリカ民俗学百科事典』には、「トラックドライバーたちは、互いに距離の離れたところを走っていて孤独であるため、非公式的な口頭ネットワークであるCB無線を使ってさかんにコミュニケーションをはかっている。そこでは、独特のニックネームやスラングが使われ、ユーモアや怪談も語られている」(Clover Williams, "Truckers' Folklore," *American Folklore: An Encyclopedia*, Edited by Jan Harold Brunvand, Garland Publishing, 1996)と記載されている。

ところで、日本におけるトラックドライバーのCB無線は、高出力のため、あちこちで電波障害を引き起こした。観光バスの車内でスピーカーからいきなり彼らの声が聞こえてきたり、幹線道路沿いにある住宅のテレビの映像が乱れたりするなどのトラブルが多発した。このため、電波行政を管轄する郵政省（のちに総務省）の担当部局は、路上検問を行って不法電波を取り締まった。

無免許かつ高出力でのCB無線の運用は、電波法違反であり犯罪である。いくら興味深いヴァナキュラーとはいえ、犯罪を称賛することは許されない。だが、犯罪だからといって、現実に存在したヴァナキュラーをなかったことにするわけにはいかない。なぜ、トラックドライバーは高出力CB無線を欲したのか、なぜそれがアメリカでは認められ、日本では認められなかったのか。何らかの工夫によって彼らの需要を満たすことはできなかったのか、など考えるべきことはたくさんある。[*6]

3　鉄道民俗学

駅の池庭

私は小学生の頃、横浜市中区に住んでいた。昭和五〇年代のことだ。最寄り駅は根岸線の山手駅だったが、大船方面行きホームの端の方に「池」がつくられていた。

池は一坪弱の広さで、真ん中に十字の形をした小さな白色の柱（工場などに見られる「安全第一」と書かれた十字柱の小さなもの）が立てられていた。そこに黒ペンキで「こころいけ」というルビとともに「心意気」という漢字が書かれていた。水の中には金魚が数匹泳いでおり、池のそばには、たしか、「この池は鉄道の安全運行を願って職員有志でつくりました。昭和〇〇年 山手駅長」というような内容が書かれた札も立てられていた。

その後この池がどうなったかを確かめようと、数年前に訪れてみたが、駅自体が大きく改装されていて池は跡形もなくなっていた。

インターネットで検索しても、まったく手がかりが得られないので、これ以上書ける情報はない。だが、類例を探してみると、全国各地の駅に同じような「池」を見つけること

田端駅の鑑賞池（ブログ「駅と駅舎の旅写真館」提供）

ができた。

山手線の田端駅にあった池を取り上げた共同通信社の配信記事（二〇一八年一月一六日）によると、京浜東北線の線路脇にあるこの池は、幅約二四〇センチ、奥行き約一〇〇センチ、高さ約四〇センチで「鑑賞池」と呼ばれていた。

一九七〇年頃、駅員だった小林滉さん（取材時八五歳）が、ホームに面した高い石垣の下が暗いため「少しでも明るくしようと自費で作った」のがはじまりである。当初は「コイを放し、隣に築山をつくって、ヒメシャガやサイハイランといった草花を植え、風情を醸し出し」ていた。その後、池の改築も行われたようだが、駅の公式的な記録には登場しないため、詳しいことは不明だという。

この記事の二か月後、石垣の工事が行われるのに合わせて池は取り壊され、金魚はJRの別の施設にある池に移された。

佐賀県の有田駅（JR佐世保線）一番線ホーム上にも池庭がある。庭の中に立てられた記念碑には次のように記載されている。


一九六四年（昭和三十九年）オリンピック大会東京に開催され　亦《また》国鉄東海道新幹線開通十月一日世紀の脚光を浴びて華々しく営業を開始せり　この多彩な年を永久に記念して本苑の造苑を発起せり　有田駅全職員は炎天下に汗を流すこと五十余日　十月十四日完成　茲《ここ》に駅長以下全職員の名を碑にとどめ永く記念となる　職員の憩の庭として又旅人の旅情の慰《なぐさみ》となれば幸いなり

朝日新聞の情報誌『マリオン』の連載記事「ひとえきがたり」の二〇一四年一一月一一日付記事「有田駅・五輪と新幹線 ひっそり記憶」には、有田駅に四〇年間勤めた枝国和夫さん（八五）による回想が引用されている。

（オリンピック開催や新幹線開通で）「日本全体が盛り上がっている中、殺風景だった駅の景観を良くしようと、庭造りが趣味だった職員が中心になってつくったんです。駅前のタクシー会社や近所の人たちも手伝ってくれました」

職員や近隣の人たちがボランティアでつくったことがわかる。

インターネット上の「駅と駅舎の旅写真館」というブログには、全国の鉄道駅の情景についてたくさんの写真とコメントが掲載されている。[*7] このブログの作成者は、これまで一〇〇近い駅で池庭を目にしてきたという。そのうちの約三〇か所が写真入りで紹介されているが、それを見ると、福岡県の石原町駅のものは一九六三年に、三重県の柘植《つげ》駅のもの（「安全の泉」と書かれた碑が立っている）は一九七四年に、山口県の宇部新川駅のものは一九六八年に、それぞれつくられていることがわかる。

また、このブログの作成者によると、現在では、こうした池庭の多くは水が枯れていたり、撤去されて跡形もなくなっていたりするという。

以上、駅の池庭の事例を見てきたが、興味深いのは、駅という公式的な空間、規格化された空間において、プライベートな空間、すなわち非公式的な空間、ヴァナキュラーな空間がつくられてきたという点である。

これらの池庭は、駅を建設するときに計画的につくられたものではない。駅に勤める職員たちのボランティアにより、一種の「あそび」としてつくられたものだ。この「あそび」は「鉄道運行の安全を願い、また乗客の目を楽しませたい」という思いを創造的に表現したものである。駅の利用客たちも、この「あそび」の成果である池庭を楽しんで眺めていた。駅の風景としてすっかり溶け込んでいたといえよう。

こうした池庭は、現在では多くが過去のものとなってしまった。現代では、公式的な空間の中に、手づくり感あふれるヴァナキュラーな空間を存在させることは難しくなっているのだろう。だが、この状況に寂しさを感じる人も少なくないのではないだろうか。

段四郎大明神

ところで、徳島県の池谷《いけのたに》駅（JR高徳線・鳴門線）の池庭には、「段四郎大明神」という狸を祀る石の祠が設置されている。祠の横には立て札があり、そこには次のように書かれている。

駅が出来た頃から不吉な事が続き祀ったという。この地は段四郎という総領狸が棲んでいたが駅の新設でその住家を奪われたので人に祟っている、お祀りしてあげれば交通安全、家内安全、商売繁昌に利益をあげるであろうとの宣託（ママ）があったので祠を作った。

阿波狸《あわたぬき》奉賛会

池谷駅は、一九一六（大正五）年に開業しているが、そのときの駅舎は現在地とは別のところにあった。現在地に移転したのは一九二三（大正一二）年二月一五日なのだが、移転の四日後に、坂東町にある大麻比古《おおあさひこ》神社への参詣客を乗せた満員列車が、駅構内で脱線転覆し、五人が死亡、九名が重軽傷を負った。

右の由来説明にある「不吉な事」の一つは、この事件だと思われる。こうした事件が続くと、霊能者に災いの原因や対処法について尋ねることはよくあることで、ここでも行われた可能性がある。そして霊能者が下した託宣が、「住処を奪われた総領狸の祟りなのでこれを神として祀ればよい」というものだったのだろう。

徳島県には、狸にまつわる民間伝承がたくさんある。また実際、県内各地に狸が多数生息していた。狸と人間の関係は深く、人びとはよく狸に化かされた。*8 そして、狸たちにはそれぞれ生活圏があり、そこには狸の元締めたる総領狸がいると人びとから信じられてきた。

「鉄道の建設や自然開発は、こうした狸たちの世界への侵犯である。きっと狸たちは怒っているに違いない」。こうした考え方が人びとに共有されていると、霊能者は狸の祟りを語り、それを聞いた側も、「ありえることだ」としてこの説を受け入れる。また、「祟りをなすものを丁寧に祀ると神になり、ご加護がある」ということにもなってくる（この考え方は日本各地で数多く見出されることが、民俗学の研究で明らかになっている)。こうして池谷駅の「段四郎大明神」が生まれ、これを祀るために祠がつくられたのだろう。

特急「はと」と青葉荘

一九六四年に東海道新幹線が開通するまで、東京と大阪の間は、「こだま」号という在来線の特急電車が約七時間で結んでいたが、さらにその前は、一九六〇年まで、特急の「はと」「つばめ」という列車が七時間三〇分かけて走っていた。

このうち、大阪から東京に向かう上りの「4列車特急はと」には、一〇年にわたってある伝承が存在した。元国鉄職員で、この列車に車掌として乗務していた作家の檀上完爾がこの伝承について記している(『国鉄青春日記——昭和車掌の〝人情〟物語』天夢人、二〇一七年)。

それによると、同列車が大阪駅を発車し、高槻《たかつき》駅と山崎駅の間を通過中の一二時五一分三〇秒、本来は時速七〇キロで走るところを六〇キロに減速し、機関士が必ず長い汽笛を鳴らし、乗務員たちは窓を開け外に向かって手を振る。車窓の向こうでは結核療養所の患者や職員らが手を振っている、ということが毎日繰り返されていた。

ことの次第は以下のとおりである。あるとき、食堂車会計係の女性が、高槻・山崎間のある地点で、列車に向かって手を振る人がいることを発見した。最初は、誰か知り合いがこの列車に乗り合わせているのだろうと思い、気に留めていなかったが、次の乗務のときにも同じ人が手を振っていることに気づく。そして、その人がいるのは白いペンキの塗られた木造建物で、その横には「青葉荘」と書かれた立看板があった。会計係はそれが療養所だと知り、「ほとんど無意識にガラス越しに手を振った」。

それ以来、その会計係はここを通過する際には必ず手を振るようになり、さらにいつしかほかの乗務員たちも手を振るようになった。また療養所で手を振る患者の数も増え、このことは新聞にも取り上げられるようになった。

こうした運行上のアドリブ的行為を、国鉄の上層部は苦々しく思っていたようである。しかし、一九五三年、新聞を読んでこの習慣を知った天皇が、この場所を列車で通過する際、車窓から療養所を見て「山崎に病やしなふひと見ればにほへる花もうつくしからず」という歌を詠んだ。それが発表されると、この習慣は事実上公認のものとなった。

「専務車掌、列車給仕、食堂車ウェイトレス、はとガールと、それぞれ制服こそ異なっているが、みんなが同じ思いをこめて、青葉荘に向かって手を振る」。この習慣は「雨が降っても風が吹いても、毎日毎日かならず繰り返される」。

「線路ぎわの青葉荘では、歩行を許された患者は庭さきに勢ぞろいし、外に出ることを許されない患者はベランダに居ならび、そして、ベッドから起きることができない患者は、片手にかかげた手鏡のなかを、一瞬、黒い流れとなって通過する特急『はと』に向かって、思い思いに手を振り返」していた。

この話は、一九五五年には小学校の国語教科書に「線路の友情」として掲載されるほどにまでなっていたが、一九六〇年、特急「はと」が廃止され、それに代わる特急「こだま」のダイヤが患者たちの昼休みと合致しなかったため、この習慣は途絶えることになったという。

食堂車会計係が勤務中にはじめたささやかな行動が、次第に周囲に共有され繰り返されるようになる。国鉄上層部としては拡大していくこのヴァナキュラーな習慣を苦々しく思っていたものの、天皇の介在という予想外の出来事で黙認、国語教科書にも掲載されるに至るという事例である。ある個人のもとで偶然生まれたヴァナキュラーが、ダイナミックに成長していく。その過程が興味深い。

切符売りおばさん

一九七八年の夏、関東に住んでいた小学生の私は、はじめて関西を旅行した。そのときの強烈な記憶としていまでも思い出されるのは、地下鉄御堂筋《みどうすじ》線梅田駅の自動券売機の前

切符売りおばさん（大阪市内、1967年。共同通信社提供）

で、機械からではなく、立ち売りのおばさんから切符を買ったことだ。おばさんは五人くらい立っていた。東京や横浜の駅には切符を立ち売りするおばさんはいなかったので、強く印象に残っている。

　このおばさんたちは、当時は一枚ずつバラの状態で使えた一一枚一セットの回数券（値段は一〇枚分）を買い、一一人に売って一枚分のもうけを得る商売をしていたのだ（その後、国・私鉄ともに、回数券の再販売防止のために、切り離した状態では駅に入場できない回数券に改められた）。この発想は、現在の金券ショップの原形といってよいものだろう。

　共同通信社が二〇一九年九月一二日に配信した「〈あの頃〉大阪地下鉄の切符売り

回数券をばら売り」という記事には、写真とともに次の解説が載せられている。

一九六七（昭和四二）年九月一二日、大阪市内の地下鉄駅や市電乗り場には乗車回数券をばら売りするおばさんたちがいた。混雑する窓口を避けて利用する人も多かったが、日々の糧を得る利益はわずかなものだっただろう。大阪万博開催のころからこの光景は減った。

私がおばさんと出会った一九七八年は、この写真が撮られてから一一年後だ。万博の頃から減ったとあるから、衰退期に出会ったということであろう。

切符売りおばさんは、梅田駅以外にもいた。大阪生まれ、大阪育ちの民俗学者、田野登氏は、六〇年前に野田阪神（阪神電車野田駅のこと）に切符売りおばさんたちがいたことを教えてくれた。また、民俗学者で立命館大学教授の中西仁氏によれば、いまから四〇年くらい前、京都の京阪三条駅前の市バス乗り場にも回数券売りおばさんがいたという。

切符売りおばさん（＋おじさん）は、戦前の福岡市にもいた。

『博多春秋』一九三四年一一月号の記事によると、博多の街では、およそ二〇〇人の「切符立売人」が市内電車の切符を売っているという。女性だけでなく、男性もいて、「東中洲の民衆クラブ横を縄張りとして、いつも現はれる立売爺さんの如きは、御覧の如く前に三宝風の売台を据えつけ、自分はコンクリートの地べたにあぐらを組んで頑張つて」いると書かれている。

乗車券販売という公式的な制度の傍らで、非公式に行われていた小さな商売である。回数券制度を利用した抜け目のない商魂に感心させられる。切符売りおばさん、「切符立売人」たちの背後にどのような暮らしがあったのか、いまとなってはそれを知ることはできないが、人生を生き抜いていくための生活の知恵であったことは容易に想像がつく。生き抜き戦術としてのヴァナキュラーである。

4　水道マンのヴァナキュラー

私の受け持っている三年生のゼミでは、毎年、日本各地に赴き、四泊五日の日程で民俗学の現地調査を行っている。調査地には、学生が自転車で回れるくらいの大きさの地方小都市がふさわしく、これまで小樽《おたる》市、室蘭《むろらん》市、富山市、長崎市、宮古島市、四万十《しまんと》市、八幡浜《やわたはま》市などで実施してきた。

学生たちはそれぞれ、その街らしさが表れているようなヴァナキュラーをテーマに取り上げ、聞き取りや観察などを行う。

二〇一〇年に小樽市で調査を行った際には、水道局の技術者たちが生み出し、伝えてきたヴァナキュラーをテーマにした学生がいた。寒冷地である北海道では、水道管の凍結とそれによる漏水などが頻繁に起こる。水道局には、「直営」と呼ばれる熟練の技術者たちがいて、文字通りの「職人技」を発揮して街の水道を守っている。このことに興味を持ったこの学生は、小樽市水道局を訪ね、水道局OBの中村常男氏（一九四〇年生まれ）を紹介してもらい、この方の現役時代（一九六〇〜九〇年代）の話を詳しく聞いてきた。

働く人たちのヴァナキュラーを調査するときは、仕事の現場を観察したり、現役の仕事人から話を聞いたりすることも重要だが、長年その仕事に従事し、その後リタイアした人たちから豊富な経験談を聞くことも、有効な調査方法である。

彼が聞いてきた話は、次のようなものだ（高佑太『水道局の記憶――小樽の「水道数え唄」から』二〇一〇年度関西学院大学 島村恭則研究室社会調査実習報告書）。

小樽の水道マンたちの技術は高かった。水道管の凍結破損の修復など、難しい工事をこなしたその技術力は全国的にも知られ、「水道のことで何かあったら小樽さんに聞け」と言われるくらいであったという。

漏水検査は、期間と修理エリアを決め、空地を借りて活動拠点となるプレハブ小屋を設置して行った。期間内はそこに泊まり込む。彼らの仕事は、人びとが寝静まってからはじまる。「キーン」とか「スー」といった独特の金属音を鋭敏に聞き取って、漏水している水道管を探す。異常を発見すると、漏水箇所を特定し、機械がない時代は、ツルハシとスコップを使って水道管まで掘り進めていった。冬の間は路面が凍結してコンクリートよりも硬くなっており、お湯をかけてから作業した。

水道局では二四時間体制で水道管修理を行っており、通報が入れば現地へ急行する。戦後すぐにつくられた水道管の場合、資源不足だったため強度が足りず、また小樽の街の地形上の特徴から水圧が高いため、冬期にはあちこちで破裂していた。そのたびにクボタイトという物質を溶かして止水するが、水圧の高い水を止めるのはとても苦労する。一か所修理し終えると別の場所が破裂するという状況が続いていた。

このため、水道局の技術者たちは、子どもの運動会にもなかなか出ることができず、正月休みもほとんどなく、一年を通して局内に残っているのは課長くらいで、それ以外はみんな現場へ行っていた。

一日中仕事で駆け回った後は、みんなで飲みに行った。お酒が入れば気分も良くなり歌いだす。そこで歌われていたのが「水道数え唄」である。

この歌は、一九六三年に中村氏と元小樽市水道局長の斎藤忍氏が、当時世の中でよく歌われていた「〇〇数え唄」のメロディーに乗せてつくった替え歌だ。もともとは同僚の結婚披露宴の出し物として考案したものであったが、職場の宴会でもみんなでこの歌を大合唱していた。

●水道数え唄

一つとせ　人の寝ている真夜中に　漏水防止の水道屋　そいつは　ご苦労さん　ご苦労さん

二つとせ　吹雪　雨の日　風の日も　仕事に励むは水道屋　そいつは　ご苦労さん　ご苦労さん

三つとせ　見れば見るほどいい男　お嫁にゆくなら水道屋　そいつは　本当だね　本当だね

四つとせ　夜の夜中にとび起きて　鉄管破裂で大あわて　そいつは　ご苦労さん　ご苦労さん

五つとせ　いつもにこにこ笑顔して　市民に接する水道屋　そいつは　本当だね　本当だね

六つとせ　難しい仕事を引き受けて　笑顔で仕上げる水道屋　そいつは　本当だね　本当だね
七つとせ　何年もかかって舗装した　道路を壊すは水道屋　そいつは　本当だね　本当だね
八つとせ　やせても枯れても俺たちは　市民を守る水道屋　そいつは　本当だね　本当だね
九つとせ　故障　故障と電話鳴る　テンテコ舞いする水道屋　そいつは　ご苦労さん　ご苦労さん
十とせ　尊いお命守るのは　我等が水道の務めです　そいつは　本当だね　本当だね
終りとせ　尾張名古屋は城でもつ　小樽の水道は俺でもつ　そいつは　本当だね　本当だね

独自の技を持ったプロの職人集団としての水道マン。その日々の暮らしの中からこの歌が生まれた。替え歌という形式を用いて、自分たちの世界を創造的に表現したヴァナキュラー作品といえるだろう。

5　裁判官にもあるヴァナキュラー

裁判官の口頭伝承

裁判官はふだん何を考え、どのような生活をしているのか。部外者にはまったく想像がつかないが、裁判官の中には、例外的に、自分たちの日常世界について文章にしている人がいる。

現役の裁判官である岡口基一《おかぐちきいち》は、著書『裁判官は劣化しているのか』（羽鳥書店、二〇一九年）の中で、自らの生い立ち、司法修習生時代、初任から現在に至るまで二五年間の裁判官生活、その体験をもとにした昨今の裁判官事情を詳しく述べている。

その中で、とくに強調されているのが、先輩裁判官と後輩裁判官との間の非公式的なコミュニケーション、とりわけ「飲みニケーション」の重要性だ。岡口が若手裁判官だった頃のこととして、次のようにある。

（前略）裁判所では、口頭伝承、すなわち先輩裁判官から後輩裁判官への口頭による

「智」の承継がされており、それは、飲みニケーションを含めた職場での濃密な人間関係があることを事実上の前提としていました（下略）。

（前略）年末の最後の登庁日である「御用納め」の日は、どこの裁判所でも昼の12時から飲み会が始まりました。最初は、所属部で飲んでいるのですが、やがて、他の部に行って飲んだりして、午後5時の退庁時間まで飲み、それからは外に繰り出して夜の11時くらいまで飲むわけです。さすがにその日は記憶が無くなるくらいまで酔いました。

ほかにも、なにかと理由を付けて職場の飲み会が開かれていました。大きな事件の判決の日にはその打ち上げと称して飲み会を開くなどです。

（前掲『裁判官は劣化しているのか』）

近年では様相が異なってきているようだが、かつての裁判所では、こうした「飲みニケーション」がきわめてさかんだったことがわかる。

「飲みニケーション」の場では、個性的な同僚をめぐる笑い話などとともに、仕事にまつわる話が多くなされた。

後輩裁判官が起案した判決書の表現や形式への論評が行われ、司法研修所で教わる内容と、裁判実務の場で実践されている内容との違いが指摘される。また司法の本質や役割についての熱い思いも語られる。いずれも教科書やマニュアルには絶対に出ていないことばかりである。

岡口は、ここに見られる非公式的なコミュニケーションを、先輩から後輩への「智」の「口頭伝承」であると述べている。

このような「口頭伝承」は、昼間の仕事の場でも多く行われていた。たとえば、東京地方裁判所労働部が作成し、裁判官らが利用するバイブル的な参考書についての、「そのバイブルとしての権威を表向き否定することはできないが、しかし、実際には執筆者によって信用できる部分とそうではない部分があ」って、そのままでは判決には使えないなどという「暗黙知」は、仕事の中で口頭伝承されていた。

裁判官たちの非公式的なコミュニケーションとしての「飲みニケーション」や「口頭伝承」。これらは、ヴァナキュラーにほかならない。この意味で、「裁判官にもヴァナキュラーがある」ということができる。

「伝承」と民俗学

ところで、岡口がいう「口頭伝承」は、実は、民俗学において多用される概念である。ここで「伝承」についての私の考えを述べておきたい。

民俗学では、文字によって記録されず、人から人へ、とくに世代から世代へと知識や経験などが口頭で伝達・継承されることを「口頭伝承」、あるいは略して「伝承」と呼んできた。またこれらの語は、「民間伝承」とともに、伝達・継承される内容をさす言葉としても用いられてきた。

民俗学では、伝統的にこうした「口頭伝承」「民間伝承」を重視してきたが、それは、民俗学が追究しようとする対覇権主義的、対啓蒙主義的、対普遍主義的、対主流的、対中心的、対公式的な特性を、そこに多く見出せると考えたからである。

このため、民俗学者の中には、民俗学の対象を「伝承」に限定して捉えようとする者もいるほどだが、私自身は、そのような立場には反対である。

なぜなら、民俗学がその学問上の目的達成のために研究対象としているヴァナキュラーとは、①支配的権力になじまないもの、②啓蒙主義的な合理性では必ずしも割り切れないもの、③「普遍」「主流」「中心」とされる立場にはなじまないもの、④公式的な制度からは距離があるもののいずれか、もしくはその組み合わせのことであり、これらの特性を見出せるものならば、「伝承」であろうがなかろうが、すべてヴァナキュラーだからである。

本書で取り上げているさまざまなヴァナキュラーの中には、たしかに「伝承」を経て今日に存在しているものも少なくない。しかし、同時に、「伝承」的な側面の希薄な事例も多く見出すことができるだろう。どちらも、民俗学では重要な研究対象なのである。

6　OLの抵抗行為

オフィスの中にもヴァナキュラーは充満している。

一般職女性社員の労働環境について、社会学、とりわけジェンダー論や組織論の立場から取り上げた小笠原祐子『OLたちの〈レジスタンス〉――サラリーマンとOLのパワーゲーム』（中央公論社、一九九八年）には、OL（ここでは一般職女性社員をさす）たちの生態が詳しく描かれているが、その中には、民俗学的に見てヴァナキュラーといえる事象が多く含まれている。以下、同書からそれを抽出してみよう。

その一つはゴシップである。OLたちは、男性社員のうわさ話をさかんに交換する。「ある男性が財布の中に飼い猫の写真を入れて持ち歩いているとか、ある上司の娘が修学旅行でオーストラリアに行った、などという類の話」である。女性同士に関するうわさは、同性間での深刻な対立を招きかねないが、男性社員に関するゴシップは、ＯＬの誰もが参加できる安全で手軽な娯楽であり、「一日を楽しませてくれる潤滑油」になっている。

もっとも、ゴシップは、「猫の写真」や「娘の海外旅行」といった内容なら害はないが、仕事ができなかったり気が利かなかったりする男性社員のゴシップは、その社員の仕事上の支障や、業績評価への悪影響という結果をもたらすこともある。ゴシップという非公式メディアが、仕事や評価という公的領域に対しても、間接的に大きな力を持っていることがわかる。

二つ目は、バレンタインデーのチョコレートのやりとりである。たとえば、ある課の女性たちは、全員、課長のことが嫌いだったので、課長以外の男性には、女性一人一人がチョコレートを贈り、課長には三人で一つのチョコレートを贈った。つまり課長以外の男性はチョコレートを六つもらったが、課長は二つしかもらえなかった。ただし、課長のチョコレートのほうが一つあたりの値段が高いので、チョコレートの総額は、どちらも同じである。課長は単純に喜んでいたが、女性たちの真意は、「バレンタインデーは数が問題」というもので、このような巧妙な仕掛けをしながら彼女たちは「日頃鬱積していた気分を晴らした」。

また、これ以外にも、「気に入らない男性には他の男性よりずっと遅れて、じらしてから渡す『時間差攻撃』」や「嫌いな上司にチョコレートを単にあげないだけではつまらないからと、包装の上から指でぼこぼこに押してこなごなにしたチョコレートを渡」すなどの例がある。

三つ目は、「ＯＬの抵抗行為」と呼ばれているものである。「ＯＬとして何年か勤めるうちに、『このようにしておけば担当の男性は喜ぶだろうな』というようなことがだんだんわかってくるが、嫌いな男性には、そういったフォローはせず、頼まれた仕事しかしない」とか、男性社員のミスや不備に気づいても、嫌いな男性社員に対しては、わざと気づかないふりをして放置する、といった行為のことだ。

著者の小笠原は、以上のゴシップ、バレンタインデー、抵抗行為などの事例を分析して、企業社会における男性社員優位の権力構造の中で、ＯＬたちが、限界はあるものの、弱者なりの戦術で自己主張を行っているとする解釈を提示している。

（前略）重大な限界はあるものの、ＯＬは組織の中の人間関係に見かけよりはるかに大きな影響力を及ぼすことがわかった。男性の公的権力と女性のインフォーマルな影響手段は、いわば、コインの表と裏である。どのように有利な立場にも、有利であるがゆえの限界があるし、どのように不利な立場にも、不利であるがゆえの好機を見出しうることを示している。

（前掲『ＯＬたちの〈レジスタンス〉』）

右の引用では、「公的権力」と「インフォーマルな影響手段」とが対比されているが、後者がヴァナキュラーに相当することは明白であろう。そして小笠原が行っている解釈は、オフィスのヴァナキュラーのみならず、世の中に存在する多くのヴァナキュラーについてもあてはまるように思われる。

以上、仕事の現場で生まれるヴァナキュラーについて眺めてきた。世の中にはたくさんの仕事がある。一つ一つの仕事は生身の人間によって担われている。しかし、高度に発達した社会システムの中では、一つ一つの仕事のリアリティが見えにくい場合がある。われわれは消費者としてものやサービスを消費する部分だけに関心を持ち、それがつくられ、運ばれ、売られる過程やそこに関わっている人びとのことは忘れがちだ。働く人びとへの想像力を欠いた人たちは、そこに生身の人間がいることを忘れ、「お客様」意識一色で、仕事をしている人びとに無理難題や偏見を押しつける（森真一『「お客様」がやかましい』筑摩書房、二〇一〇年）。

仕事をめぐる公式的な制度やシステムの中で、非公式的に生まれるヴァナキュラーには、働く人びとの本音の部分が表現されている。われわれはそうしたヴァナキュラーを知ることで、働く人びとへの想像力を働かせ、理解を深めることができるのである。

【コラム①】ヴァナキュラーな時間

私は二〇代の頃、沖縄でのフィールドワークに明け暮れていた。当時、親しくなった現地の人たちに飲み会に誘われることも多かったが、夜七時の約束でも、実際にみんなが集まってくるのは八時頃、というのがいつものパターンであった。沖縄の人たちは、これを「ウチナー（沖縄）タイム」と呼んでいる。一方、通勤、通学は決められた時間に合わせて行われており、学校や職場に遅刻が横行しているわけではない。

また、「ウチナータイム」には「前倒し」も含まれる。かつては、島の人しか利用しない離島の船便など、予定時刻より数分早く出航してしまうこともあった（宮古島狩俣と池間島の間に橋がかかる以前、狩俣・池間を結んでいた小さな船ではよく見られたことである）。誰が乗るかすでにわかっている（と思われている）場合、客がそろったら出航すればよいという感覚だったのだ。こうした事例からは、「ウチナータイム」＝「時間にルーズ」というわけでは決してないことが理解できよう。「ウチナータイム」とは、「状況に応じて延び縮みする柔軟な時間」のことなのだ。

私は民俗学の講義でしばしばこの話をする。「時間」には、「公式的な時間」とともに、それとは異質の「ヴァナキュラーな時間」があることを教えるためだ。すると、ときどき「自分の地元にも『○○時間』がある」というコメントが学生から寄せられることがある。「鹿児島時間」「長崎時間」「博多時間」「仙台時間」、そして「猿島《さしま》時間」（茨城県旧猿島郡猿島町）などである。いずれも、「自分たちの地域では、待ち合わせ時間に三〇分から六〇分遅れることは想定の範囲内」を意味する言葉として紹介されていた。

以上のように地名と時間がセットになっていると、その地域だけが特殊なように見えるかもしれない。しかし、「公式的な時間」＝学校・役所・会社・鉄道などの時間＝「時計の時刻どおりの時間」が世の中に広まったのは近代になってからで、それ以前は、どこの土地でも「状況に応じて延び縮みする柔軟な時間」が流れていた。そうした「ヴァナキュラーな時間」が現代に生き残っている、もしくは存在意義のあるものとして主体的に選択されているのが「○○時間」と呼ばれるものなのだ。このように理解すべきである。

ところで、「公式的な時間」を人びとの身体感覚の中に浸透させていくのに大きな役割を果たしたのが「鉄道」であったとは、よく言われる。とくに日本の鉄道は時間に厳しいことで世界的に有名である。ただ、日本の鉄道で、路線によっては「ヴァナキュラーな時間」が日常的に生み出されている場合がある。

その一例が、大阪と和歌山を結ぶＪＲ阪和線である。よく遅れることで有名だが、この遅れをめぐって、さまざまな物語が存在する。阪和線ユーザーの学生が、興味深いレポートを書いているので紹介したい。

私はＪＲ阪和線をふだんから利用している。阪和線は南大阪に住む人びとにとっては生命線といえる路線だが、「阪和線といえば遅延」というイメージを持っている人が少なくないと思う。

「雨が降れば遅れ、風が吹けば遅れ、天気が良くて遅れる」というのが私の周りの阪和線ユーザーの合言葉である。どうしても遅れられない用事がある場合は、電車が三〇分遅れることを想定して家を出なければならない。電車の遅延でアルバイトに遅刻したとき、年配の方に「もしかして阪和線使ってる？　じゃあ仕方ないわ」と許してもらったことがあるため、阪和線がよく遅延するというのは世代を超えて共有されていると考えられる。

遅延が多い理由としてよく言われているのは、過密ダイヤ、踏切の「直前横断」が多いことである。しかし、いつも遅れていれば、ときどき変わった理由が説明されることもある。真偽はわからないが、たとえばこんな感じだ。

「線路内に布団が飛んできた」

「柴犬が線路内で立ち往生していた」

「運転士がいなかった」

「（並走する）南海電車に振り替え輸送を断られたため（そんなことはないだろう）」

このような「とんでもない」といえるような理由を面白おかしく話すのが阪和線ユーザーの楽しみである。

こんな阪和線だが、ユーザーは、不満を漏らしながらもどこかで阪和線に愛着を持っているようにも思う。遅延するたびにインターネット上で飛び交う「また阪和線か」という言葉にも愛情がにじんでいる。

このように阪和線を愛する人びとは、遅延の理由や「走行中に何分巻き返したか」などを、ときには誇張を含めながら自分のことのように語り、物語を生み出している。そして、その物語は、事実かどうかにはかかわらず他者に伝えられていく。これからも多くの人に愛される阪和線であってほしい。

（高濱依世「親しまれるJR阪和線」二〇一七年度関西学院大学「現代民俗学」レポート）


ここには、「遅延」という時間を、「ユーザー」たちがさまざまなかたちで物語化して受け止めていることが見て取れる。阪和線の「遅延」は、利用客にとって「ヴァナキュラーな時間」として受容されているのである。そしてこの「ヴァナキュラーな時間」は、路線への愛着が湧くものとさえなっている。

社会生活を送る上で「公式的な時間」はなくてはならないものだ。それとともに、人が生きていく上では、「ヴァナキュラーな時間」にも意味がある。このことに思いを至らせたい。

第2部　ローカルとグローバル

第4章　喫茶店モーニング習慣の謎

中京圏から関西圏、中・四国にかけて、都市部を中心に、自宅ではなく近所の喫茶店モーニングで朝食をとる習慣（「モーニング」）が存在する。サラリーマンが出勤前にモーニングサービス（モーニングセット）[*1]をとるのは、全国的に広く見られることだが、ここでの「モーニング」は、サラリーマンに限らず、老若男女さまざまな立場の人たちが朝食を喫茶店でとる習慣をいう。こうした「モーニング」は、単なる食事以上の社会・文化的意味を持っている。

都市ヴァナキュラーの一例である「モーニング」の世界を眺めていこう。[*2]

1　日本各地のモーニング

モーニングが行われる喫茶店（尼崎市）

愛知県豊橋市

豊橋はモーニングがさかんな街の一つである。市内の喫茶店は、午前七時、遅くとも七時三〇分には、大抵どこも開店する。開店と同時に客が入ってくる。開店前から店の前で待っている老人も多い。八時を過ぎると客の数が一段と増える。開店から一一時までがモーニングタイムで、これは、コーヒー一杯の値段（三五〇円とか三七〇円）を出すだけで、トースト、サラダ、ゆで卵がサービスとして付けられるというものである。この時間にコーヒーを注文すると、必ず、店員から「モーニングはお付けしますか？」と聞かれる。もっとも、地元の常連客の場合は、席につくだけで、何も注文しなくてもモーニングサービスが出される。

豊橋を含めた中京圏の喫茶店では、このモーニングがさかんであり、客は店ごとのサービスの内容をよく吟味して店選びをすることも多い。そのため競争が激しくなっている。店によっては、トーストをサンドウィッチにしたり、ヨーグルトを付けたり、トースト、サラダ、ゆで卵に赤だしの味噌汁を付けたりと工夫がなされている。また、別料金で、「デラックスモーニング」（ホットドッグ、ベーコン、スクランブルエッグ、サラダ、ヨーグルトからなり、五〇〇円）や「バイキングモーニング」（コーヒー、紅茶、ジュース各種、サンドウィッチ、サラダ各種、目玉焼き、スクランブルエッグ、フライドポテト、ウインナー、ベーコン、おかゆ、ピラフ、パスタなどからなり、四八〇円）が出されている店もある。なお、モーニングタイムにコーヒーだけを注文する場合は、モーニングタイム外のコーヒーの値段よりも三〇円くらい値引きされ、この意味でもサービスがなされている。

モーニングにやって来る客層は、老若男女さまざまである。一人で来ている客は、店に備え付けのスポーツ新聞を手に、トーストを食べながら、店の主人や店員と世間話をしている。二人連れの場合は夫婦であったり、近所の主婦同士であったりする。また、勤め先の同僚や近所の主婦、商店主といった感じの人たちが四、五人でテーブルを囲んでいる場合もある。

平日の場合、これらの人びとは決まった席に座ることが多い。ときどき常連以外の客が先に席を占めていたりすると、後から来た常連はいつもとは違う席に座らざるをえなくなり、そうなると連鎖的にほかの常連の「指定席」も狂ってくることになる。

常連客は、レジの横にキープされたコーヒーチケット（回数券）で支払う。店員は、モーニングサービスを客のテーブルに出すと同時に、チケットを一枚切り取っている。したがって、客は席を立つと、レジで立ち止まることなくまっすぐに店を出て行く。

常連客たちによると、「毎日、喫茶店のモーニングが朝食となっている。家でとらないのはこれが習慣だから。その理由をよく考えてみると、忙しいのでいちいち朝食のしたくをするのが面倒だから、近所の人や店の人と話をするのが楽しみだから、といったところになる」という。

土曜、日曜は、家族連れでモーニングにやって来る人が多い。この人たちによると、「平日は家でお母さんが朝食の用意をするが、休みの日くらいは楽をしてもらいたい、ということで一家で喫茶店に行く。休みの日はお父さんが家にいるので、車で郊外の喫茶店に行きやすいのも理由の一つである」という。家族連れの休日のモーニングは、昼食を兼ねた遅い朝食であることが多く、そのあとは郊外型ショッピングセンターに立ち寄って一家で買い物というのが、この地域の休日の過ごし方の一つのパターンになっている。

以上は、私のフィールドワークにもとづく記述であるが、インターネット上には、同地のモーニングについて紹介しているサイトも存在する。ある個人によって運営されている「聞いて驚け　見て笑え！　豊橋モーニング事情」というサイト[*3]では、栃木県宇都宮市が「餃子の町」を名乗っているが、それならば豊橋市が「モーニングサービスの町」宣言をしてもこれに異を唱える人はいないであろうとし、以下のような記述がある。

愛知県、中でも豊橋は喫茶店がやたらとたくさんあります。商店街はもちろんのこと、住宅街の裏通り、キャベツ畑地区の一角、「こんなところで大丈夫か？」と心配になるような立地の店も少なくありません／平日午前九時半の喫茶店を覗いてみましょう。そこには外回りに出たはずの営業マン、お店を奥さんに任せて出てきた商店主、朝の家事が一段落した奥様のグループ、ゲートボール帰りのお年寄りで一杯です／土日、祝日はもっとすごいです。一家揃ってやってきます。幼児からお年寄りまで三世代七人連れも、決して珍しい光景ではありません。お父さんはジャージにサンダル、就学前の子供はパジャマのままというのが正装とされています。皆、何しに来ているのか？　それはモーニングサービスを楽しみに来ているのです／当地の場合はトーストもゆで卵もサラダも、時にはヤクルトもコーヒー代だけで出てくるのです／地元民はモーニングサービスとか、モーニングセットとか言わずに「モーニング」と略します。

　ところで、豊橋市には、同地を日本におけるモーニング発祥の地とする説が存在している。二〇〇〇年四月六日付『中日新聞』に掲載された「なるほど　フムフム　分かったゾあいち博士」という記事には、豊橋市民の間に、「モーニングサービスは豊橋から全国に広がったからね。市内では常識だよ」という語りが存在することが示され、それについて、「それは本当だと思いますよ。少なくとも業界ではそう言われていますす」という、愛知県喫茶環境衛生同業組合・豊橋支部長の発言も紹介されている。

　同記事によれば、豊橋駅に近い松葉町の喫茶店「仔馬」が、一九六三（昭和三八）年に開店してから一、二年後にモーニングサービスを開始し、ここから豊橋市内、愛知県内、全国へと広まったという。当時の店主の妻による「駅前の店なので、出勤前のお客さまが多かったのですが、何かおなかの足しになるものが欲しい、と要望がありました。それでトーストを出したのがきっかけでした」という発言も取り上げられている。発祥の理由については、前出の支部長による「農業が盛んで、新鮮な野菜や果物が手に入りやすいことも理由の一つじゃないかな」とする意見も紹介されている。

　モーニング豊橋発祥説は、私が行った豊橋市でのフィールドワークでもしばしば耳にすることができたが、店名を特定する発言には出会わなかった。そして、「仔馬」の開店以前から店を開いているという松葉町のある喫茶店の主人によれば、「『仔馬』さんがルーツだという話は聞いたことはあるが、うちの店は『仔馬』さんが開店する前からモーニングサービスをやっており、よその街でも行われていたから取り入れた。だから、どこがルーツかといわれてもわからない。『仔馬』さんがルーツだというのは、あの店は規模が大きくて、市内でも有名だからではないか」と述べている。

モーニングサービスの発祥は、後出のように、ほかの都市とする説も存在しており、特定の起源を一元的に想定することは難しい。

名古屋市

名古屋でもモーニングは行われており、名古屋の生活文化の特徴を取り上げた中澤天童『摩訶不思議シティ名古屋の本』（PHP研究所、二〇〇〇年）には、「ここまで進んでいる!?　喫茶店好きの名古屋人」として次のような記述がある。

はじめて名古屋へ来た人が、まず驚くのは、喫茶店の数がやたら多いということだろう。駅周辺や繁華街はもちろんのこと、なんでもない閑静な住宅街や郊外にまで点在しているのである（中略）。店内の様子は、東京などの喫茶店とさして変わりはない。平日の午後であれば、仕事の合間に居眠りをしている営業マンや、打ち合わせをするビジネスマンの姿が見られる。ただ、これが朝ともなると様相が一変する。

一見、瀟洒でオシャレだなと思える店でも、なかに入ってみると、一瞬、敬老クラブにでも来たのかと思えるほど、お年寄りで賑わっているのである。名古屋のお年寄りは、とにかく喫茶店が大好きだ。ゲートボールでひと汗流した老人たちや、病院帰りのお年寄りたちで、喫茶店はごった返しているのである。

さらにこれが休日の朝ともなると、また趣が違ってくる。今度はファミリーが主流を占め、家族で朝食をとっている光景が一般的となる。だが、よく注意してみると、パジャマ姿やスウェットスーツ姿（たいていは着古したジャージの上下）のお父さんもいたりするのである。こうした傾向は郊外にいくほど顕著になる。そこには東京その他の地域では、考えられない光景が繰り広げられているのである。

（名古屋の喫茶店は――引用者注）ほとんどが駐車場付きなので、ドライブがてら車で行けるのだ。気に入ったお店があれば、少しくらい遠くても平気でいきつけの店にしてしまうのも名古屋人だ。なにせ車という便利な足があるのだから、少々の距離は全く気にならないのである。

また、ホームページ上でも、「尾張喫茶店事情」というページ[*4]を公開している個人があり、そこでは「尾張地方の人は、喫茶店が大好きです。私は、この地方に住む前は喫茶店は若者が行くところだと思っていました。でもここでは違います。この地方では、喫茶店は、老若男女すべての世代が頻繁に行くところとして存在しています。若者がデートのついでにちょいと寄る場所ではなく、近所のおじちゃんおばちゃんが通うのを日常の習慣とし、ローカルなコミュニケーションの仲立ちをする場所として存在しているのです」という記述がなされている。

愛知県一宮市

一宮市もモーニングがさかんな街である。同市の場合、モーニングを市の名物として積極的に売り出そうとしており、一宮商工会議所を中心に「一宮モーニング協議会」が組織され、「一宮モーニングプロジェクト」の名のもと、「モーニングマップ」の発行、スタンプラリーの実施、「一宮モーニング博覧会」の開催などを行っている。

同協議会が作成した公式サイト「一宮モーニング」には、次のように書かれている。[*5]

一宮の街でやたらと多いのが喫茶店。とくに朝の時間帯はドリンク代のみ（お店によってはわずかな追加料金が必要な場合もあります）でトーストやゆで卵、サラダなどが付く「モーニングサービス」があります。

その起源はガチャマン景気（織維業界における一九五〇年代の景気拡大現象のこと。「織機でガチャンと織れば万の金がもうかる」の意――引用者注）に沸いた昭和三〇年代前半。繊維業を営む、いわゆる「はたや」さんは昼夜を問わず頻繁に喫茶店を訪れていました。そこで人の良いマスターが朝のサービスとしてコーヒーにゆで卵とピーナツを付けたのがはじまりです。

半世紀経った今でも日曜日の朝には家族揃って喫茶店へモーニングを食べに行ったりする光景が多く見られます。総務省家計調査によると、全国都道府県所在地を対象にした一世帯当たりの年間喫茶代（平成一八年～二〇年）で、岐阜市が一位の一万四四八一円、二位が名古屋市で一万三五四七円。一宮市の統計はないものの、その傾向は充分推し量れると思います。また、一宮市の喫茶店数は平成一六年の統計では七五二軒。これを市の人口三八万人で割ると、一万人当たり約二〇軒とトップクラスです。

私たち「一宮モーニング協議会」は、モーニングを単なる飲食店のサービスではなく、一宮で長年にわたって育まれてきた全国でも類い希な文化であると考えています。

このウェブサイトには、同協議会が独自に行った「モーニングのルーツ」調査の結果も掲載されている。以下のとおりだ[*6]。

われわれは市内の喫茶店を片っ端から訪れてはマスターやママさんにお話をうかがった。

ところが皆、首を傾げるばかり。そんな中、本町で戦前から営業している「マルサ」のマスターから、「昭和三〇年代の前半だったと思う。どこかの店がモーニングをはじめたでウチもやらないかんということではじめた」という証言を得た。

また、旧尾西でいちばん古いといわれる「サンパウロ」でさらなる有力情報を入手した。

「サンパウロ」が開店したのは昭和三五年。「開店当初からモーニングはやっとった」（マスター）とのこと。

当時はトーストではなく、ゆで卵とピーナッツを付けていたという。

店を開店させる前の四年間、マスターは当時本町にあった「三楽」の喫茶室で働いていた。

「私が『三楽』で働きだしてすぐによその店でやっとるモーニングをウチでもやろうと。それが昭和三一年だよ」（マスター）

昭和三一年といえば、モーニング発祥の店だといわれる広島市のタカノ橋商店街にある「ルーエぶらじる」がサービスをはじめた年でもある。

一宮ではその時点でモーニングは存在していたのである。

と、なると、発祥はそれ以前なのか？

一宮で最初にモーニングサービスを行った店こそ、真のモーニング発祥の店である。

その後もわれわれ「一宮モーニング探検隊」は調査にあたったが、残念ながらそれを発見することはできなかった。

どなたか一宮で最初にモーニングサービスを行った店をご存じの方は「一宮モーニング探検隊」までご一報を！

のちに触れるように、モーニングの発祥については、さまざまな可能性があり、決定的な見解を出すことはできないが、起源論はともかく、右の記事中の証言からは、少なくとも一九五六（昭和三一）年には一宮市の喫茶店でモーニングが出されていたことがわかる。

モーニングの歴史をたどる上で、貴重なデータといえる。

次に関西圏の事例を見てみよう。

大阪府東大阪市

大阪でもモーニングは非常にさかんである。たとえば、東大阪市衣摺《きずり》は、長屋や木造アパート、町工場が建ち並ぶ下町といえる地域だが、このあたりでは一九六四（昭和三九）年頃からモーニングが行われているという。

たとえば、ある一家の場合、午前七時三〇分頃、父親が子どもを連れて近所の喫茶店に行き、モーニングをとる。食べ終わると、父親は工場へ、子どもは学校へ行く。その後、九時頃、母親が喫茶店にやって来て近所の奥さん同士でモーニングとなる。井戸端会議そのものの会話を楽しむ。こうした光景は、このあたりではごくふつうに見られるものである。ただし、「パパがうるさい家は、奥さんはモーニングに行けない。家族全員の朝食を奥さんがつくり、自宅で全員で食べている」というケースもある。とはいえ、そのような家でも、日曜日には家族全員でモーニングに行くことが多い。理由は、「日曜日の朝くらいはお母さんに楽をさせたいから」といったものである。

大阪市生野区

大阪市生野《いくの》区は、地場産業であるケミカルシューズ製造や、かばん縫製などの零細工場と、そこを仕事の場とする人たちが暮らす長屋がひしめき合った下町である。生野区には喫茶店が街のそこここに点在している。路地の曲がり角、長屋の一角などに小さな喫茶店が、お好み焼き屋などとともに店を出している。その多くは近隣の常連客だけを相手にして成り立っている店である。

午前八時頃になると、近所の人たちが次から次へと店にやって来る。男性も女性もおり、年齢層も二〇代から七〇代くらいまでと幅広い。毎日やって来る人もいれば、週のうちに何日かとか、日曜日だけ、という人などさまざまである。一人で来る人もいれば、夫婦で来る人もいる。いずれもみな、近所の顔なじみである。

店ではモーニングを注文し、コーヒーだけを頼む人は皆無である。テーブルにつくと、近所の人が声をかけてくる。同じテーブルに座ることも多い。会話は店に入ってきたときからはじまっている。その内容は、工場の景気の話、野球の話、親戚や近所の人のうわさ、互いの子どもや孫の話、病院や健康の話、などである。いつも顔を合わせる間柄なので、話は断片的でも十分通じている。新聞を広げながら、ときどき会話に口をはさむ人もいる。

モーニングを食べ終わり、しばらく話を続けると店を出て行く。一人の滞在時間は、仕事を抱えている人は一五分から二〇分。老人の場合はもう少し長い。一人が出て行くと、こんどは別の人が入ってくるというように客の回転があり、だいたい九時三〇分頃までこのような状態が続く。

高度経済成長期から昭和が終わる頃まで、この地域の人たちの生活はきわめて多忙であった。サンダルやかばん縫製などの家内工場で働いている人の場合、最盛期には朝の七時から夜中の一時、二時まで働いても仕事が終わらないこともあった。また、出来高払いのため、それくらい無理をしてでも仕事をこなそうとしたのである。そこで人びとは家で朝食を準備する時間も惜しんで働いた。モーニング発達の理由の一つはここにある。

また、モーニングに限らず、昼・夕食を外ですませることも珍しくなかった。あらかじめ行きつけの店に電話をして料理をつくっておいてもらい、店に入るとすぐに食べられるようにすることもあったという。ちなみに、生野区では、お好み焼き屋のメニューが多様化して発達しているが、これは、人びとが夕食にお好み焼きを外で食べることが多く、たくさんの店が生まれ、競争が激しくなったことの反映であるといわれている。

なお、生野区は日本有数の在日コリアン（日本による植民地支配を直接・間接の要因として朝鮮半島から渡日した人びととその子孫）の集住地域であり、モーニングにやって来る人の中にも在日は多い。昔からともに暮らしてきた近所の日本人と同席してモーニングを行うことはもちろんだが、場合によっては、在日だけでテーブルを囲んでいるケースもある。

在日だけの場合には、子どもたちを同胞同士で結婚させるための見合い情報が交換されたり、新しく密航してきた者の情報がささやかれたりすることもある。また、渡日第一世代の老人やニューカマーの人たちが会話の輪の中に混ざっている場合には、「朝鮮語と日本語のチャンポン」で会話がなされる。こういったところに在日の人たちのモーニングの特徴がある。

大阪市西区

大阪市西区の九条駅周辺も、下町に相当する地域である。駅前の商店街をぬけると、中小企業のビルや町工場が建ち並ぶようになる。また商店街の裏側へ路地を入ると、そこには長屋が密集している。この地域の喫茶店は、商店街の中にある喫茶店と、中小企業・町工場エリアの入り口付近にある喫茶店とに大別できる。前者の客の多くは、商店主やその家族、長屋の住民である。後者の客は、よそからそこに通勤してきている人たちであることが多い。

以下は、前者のタイプの喫茶店を営む人の語りである。

店は七時三〇分に開店する。一〇時までがモーニングの時間だ。この間に来店する客は毎朝約三〇人で、大半が常連である。客層は近くの商店主や奥さん連中が多いが、中には近くの会社に通勤してくるサラリーマンもいる。休日になると、商店主や奥さん連中の数はもっと増える。休日だけモーニングをとるという人がいるからだ。モーニングに来る人たちは、朝食を家でとらない。子どものいる家では、子どもにだけトーストなどを食べさせ、弁当を持たせて学校に行かせると、母親のほうは喫茶店にやって来る。朝食にたくさんの量はいらず、コーヒーにパンと卵があればそれだけでいいという人にはモーニングの量はちょうどよい。また、男たちも近所の商店主同士としていろいろな話をしている。町のあり方や選挙の話になるときもある。商店街の将来も当然、話題になる。また、店に来る近所の仲間とよそから通勤してくるサラリーマンとが意気投合して忘年会や新年会をやることもある。そういうときは、店としても寄付をしたりして応援するようにしている。

なお、西区や生野区などの喫茶店では、春や秋には、店の入り口の自動ドアのスイッチを切り、ドアを開けたままにしていることがふつうである。店主たちは次のように説明している。

下町の喫茶店は町の井戸端会議の場所であり、締め切ってしまうと、人が気軽に入ってこられなくなってしまい、井戸端会議が成立しにくくなる。ドアを開放しているのは、冷暖房の不要な春と秋だけだが、本当は冬も夏もそうしたいところだ。春・秋の開放状態のほうがふつうで、冬・夏はやむをえずドアを閉めているのだ。

兵庫県尼崎市

尼崎《あまがさき》市の阪神電鉄杭瀬《くいせ》駅周辺は、商店街の裏に長屋や木造アパートが建ち並ぶ下町的雰囲気の濃厚な地域である。このあたりの長屋の軒先には植木や盆栽が所狭しと並べられていて、住民は毎日の水遣りを欠かさない。そこへ顔なじみの人が通りかかると、二時間くらいおしゃべりが続くこともしばしばである。商店街に買い物に行けば、何人もの人から「あら、きょうは何のご馳走？」と声をかけられる。子どもも、自分の家で育てているのか、近所のおばちゃんたちに育ててもらっているのか、わからないような暮らしの街である。ここに住む七〇代女性Ａさんのモーニングは、次のようなものである。

Ａさんは一人暮らしで、不動産屋を経営している。朝食は毎日喫茶店でとる。モーニングのことは、まさにモーニングという名称で呼んでおり、たとえば、「モーニング行こうや」「毎朝モーニングに来とる〇〇さん」というように使う。近所に喫茶店は一〇軒ほどあるが、彼女が行くのはそのうちの三軒で、とくに亜米利館《アメリカン》という店がお気に入りだ。「亜米利館が一番好きやわ。ママさんとも仲よしやし」。ただし、亜米利館は土曜、日曜が定休日なので、その日は別の店に行く。亜米利館は、今福の商店街から路地を入った一角にある。

彼女がモーニングに通っているのは、今から二〇年前に夫が亡くなり、一人暮らしをはじめたときからである。一人で黙々と食べていてもおいしくないから、というのが理由である。また、彼女は朝食のみならず、昼食、夕食も外食ですませることが多い。外食をしないときは、近所に最近できたコンビニエンスストアでおにぎりなどを購入している。外食は、昼食はお好み焼き屋やうどん屋、夕食は居酒屋で湯豆腐とビールである。野菜などを買ってきて自宅で食事をつくっても、一人だと多すぎて食べきれず、材料も使いきれない。不経済なので三食とも外食にしているという。

亜米利館の主人（「ママ」）は、「芦屋出身のお嬢様」で、店は二〇年前から生活のためというよりは、趣味のつもりではじめたという。阪神タイガースの大ファンで、店内には阪神の選手の色紙やメガホン、ぬいぐるみが飾ってある。

亜米利館にやって来るのは、近所の主婦のほか、六〇代以上の老人も多い。最高齢は九〇歳だという。この人たちは、「みな年金で暮らしている人ばっかり」で、「いろんな苦しみ、悲しみ、喜びを乗り越えて優雅な気持ちでおる人たち」である。

Aさんは、八時半頃から一時間ほどこの店で過ごす。コーヒー、トースト、ゆで卵、サラダで四〇〇円のモーニングをとりながら、ママや常連客たちとおしゃべりをするのである。話の内容は、阪神タイガースのことやスポーツのこと、孫や夫や自分の自慢話、テレビ番組の話題が多い。また、他人の悪口を言うこともあるし、客同士のいがみ合いもある。彼女は、「ええ人がたくさんおるよ。でも、そんな人ばっかりやなくて、失礼な人、わがままやうぬぼれ屋もいっぱいおるわ。いろんな人間がおって、いろんな人間模様があるんよ」と語る。[*7]

神戸市長田区

神戸市長田区には、一九九五年の阪神・淡路大震災によって昔の街並みが消えてしまうまで、ケミカルシューズ産業の零細工場と長屋からなる典型的な下町といえる地域が広がっていた。震災後、復興まちづくりが行われて現在に至っている。

長田区にも濃厚なモーニング文化が存在してきた。長田生まれ長田育ちの民俗学者、森《もり》栗茂一《くりしげかず》（神戸学院大学教授）は、長田に暮らす老人たちの「モーニングからはじまる一日」を次のように描写している。

朝は喫茶店でモーニングセット。小一時間かけて、スポーツ新聞を丹念に読み、銀髪の小意気なマスターと阪神タイガースの悪口を言い合う。ついで十時前から、病院の診察室前のいすに並んで友達と愚痴を口にする。診察の時、看護婦さんの手を握り返して、ふっと心が熱くなる。

帰りに市場へ向かう。魚屋の前で立ち話をして、豆腐屋で昼のおかずのごま豆腐を買い求め、肉屋で夜の焼き豚を百グラム、「ちょっとだけ、切っといて」と注文する。肉屋は面倒がらず、「夏ははよう食べなあかんで」と言って、包みを渡す……。

市場での物を介した交流と会話が、高齢者の一日にアクセントをつけている。

そして自宅に戻って、テレビの時代劇を見ながらごま豆腐を食べる。風呂屋の前に並ぶ。たこ焼き屋で生ビールを一杯ひっかける。夕方、焼き豚で簡単な食事を取る。

（森栗茂一「風呂屋の中の喫茶店」『埼玉新聞』一九九八年四月一五日）

モーニングが、一日の生活の中で確固たる位置を占めていることがよくわかる。右の文章は震災前の様子を描いたものだが、現在でも長田に行けばこうした情景はあちこちで見ることができる。

次は、中・四国の事例である。

広島市中区

広島市内の喫茶店でも習慣としてのモーニングが行われている。その中で、中区大手町の鷹野橋商店街にある「ルーエぶらじる」は、一九五六年の段階で「モーニングサービス」が提供されていたことを、当時の写真によって確認できる店である。

同店は、一九五二（昭和二七）年、「ぶらじる」の名で創業した。モーニングサービスは、創業者の末広武次氏（一九一九年生まれ）が一九五〇年代に考案したもので、コーヒー、マーガリンを塗ったトーストの上に目玉焼きをのせたものからなり、コーヒー五〇円に一〇円を加えただけの六〇円で提供した。当時は、コーヒーもパンも珍しく、また卵も貴重だったので、このメニューは、「夢の三点セット」と呼ばれていた。これが大当たりし、毎朝、何百セットも注文があったという。「ぶらじる」では、クーラーやテレビもいち早く店内に設置し、ハイカラな店として名が通っていたが、モーニングサービスもよそにはない新たな試みとして大いに人気を博した。評判を聞きつけた週刊誌が取材に来て、記事になったこともある。

愛媛県松山市

松山市の市街地でもモーニングはさかんである。早朝からやって来る老夫婦、六〇代くらいの近所の女性たちが嫁の悪口も含めた世間話に花を咲かせる姿、別のテーブルでは、もう少し年齢層の若い主婦たちが人のうわさや姑《しゅうとめ》の悪口らしき会話をしている様子など、あちこちの喫茶店で目にすることができる。

市内の喫茶店「モミの木」には、モーニング松山発祥説が伝えられている。一九六七年にこの店ではじまったモーニングが、「日本で最初のモーニングサービス」であるとするものだ。経営者の加藤智子氏の自伝には次のようにある。

〝モーニングサービス〟と称し、コーヒーにトーストとゆで卵をつけ、一〇〇円で提供させていただくことにしたのです。コーヒーの八〇円ですでに儲けさせていただいていますから、トーストとゆで卵は原価の二〇円だけいただくことにしようという計算です。

今では珍しくもありませんが、これが日本で最初のモーニングサービスで、一〇〇円で朝食が食べられると、お客さんにとても喜んでいただきました。

そもそも、モーニングサービスを始めたきっかけは、〈朝食抜きのサラリーマンが多くなってきた……〉という新聞記事を目にしたことでした。

「うちの店で朝食を出したらどうやろう」

ちょうどいあわせたA新聞の記者に相談すると、

「それはええなあ」

一も二もなく賛成してくれました。

「でも食堂じゃない、喫茶店やしねえ。うちらで出せるものいうたらなんかなあ……」

今のように喫茶店でカレーやピラフを出すなど、想像もつかない時代です。食べ物といったら、せいぜいがトーストかゆで卵をはさんだサンドイッチでした。

「そやけど、朝からゆで卵の殻をむいてサンドイッチをこしらえるんじゃ、大変やねえ……。そしたら、やっぱりトーストやなあ……。まあ、卵もゆでるだけなら世話ないな」

ということで、六枚切りのトースト一枚を三角に切ったものと、ゆで卵一個、それにコーヒーを付けることに決めたのです。

選択肢が少ないだけに割合すんなりと決まったのですが、まさかこの組み合わせが全国の喫茶店に広がるとは思いもよりませんでした。

モーニングサービスという呼び方にしてもそうですが、こちらのほうが決定までにもう少し悩んだ気がします。

「〝朝食〟じゃおかしいし、〝朝定食〟じゃもっとおかしいよねえ……」

（中略）

「そうやなあ。外国で朝いうたら〝モーニング〟やな。それで、これまで儲けさせてもらったから、少しお客さんにお返ししたい言うんなら〝サービス〟や」

そう教えてくれたのは、前出の新聞記者でした。

私はいたく感心し、さっそく、朝食一式を〝モーニングサービス〟と名づけたのです。

昭和四十二年七月、モーニングサービスがおかしな和製英語であるなどと異論を唱える人もいない、平和な時代のことでした。

（加藤智子『女じゃけん、負けられん』商業界、一九九五年）

モーニング「モミの木」発祥説は、これまで数回、地元のテレビなどでも取り上げられたことがあり、松山市内ではこの話を知っている人も少なくはないといわれている。

以上は、日本列島内の事例であったが、モーニングに相当する習慣は、日本国外、アジア各地にも存在する。

2　アジアの「モーニング」

香港は飲茶

香港の人びとは、一般的に朝食を外でとることが多いといわれている。実際、香港の街を歩いてみると、早朝六時頃から屋台や食堂が開いており、客がおかゆを食べたり、飲茶《ヤムチャ》（茶を飲みつつ、二、三点の点心〔軽いおかず〕を食べること。中国広東地方の食習慣とされる）をとったりしている姿を目にすることができる。香港生まれ香港育ちの知人は、「香港では家で朝食をとる人はほとんどいない。夫婦共働きが多く、妻が朝食をつくる時間がないため、みな家や職場の近くの食堂や屋台で朝食をとる。一人で食べる人もいれば、家族や同僚と食べる人もいる。出勤途中のような忙しい人は、大急ぎで食べてすぐに席を立つが、時間にゆとりのある人はそこでおしゃべりに興じることも多い」と述べている。

　香港の飲茶について取り上げた永倉百合子は、本来、飲茶は早朝の習慣であり、それが「どんどん延長され、今では飲茶タイムは昼下がりまで及んでいる」。「毎日朝から賑わう飲茶だが、日曜祭日の朝はとりわけ活気に満ちた光景を見ることができる。休みの朝だからまだ混んでいないだろう、と思って行ってみると、すでに大半のテーブルは先着の人達に占有されている。大きなテーブルにおばあさん一人がポツンと座っていたとしても、それは一家のための場所取りなのだ。早起きの老人が一足先にきて、まもなくやって来る子どもや孫のために席を確保しているのだ。ここは空いているなどと思ってそのテーブルに近づこうものなら、私達は『ここは、もういるよ』ときっぱり告げられるに違いない。人気のある酒楼《しゆろう》だと休みの日の朝の席取りはかなり大変だ」。「酒楼の入り口にはたいてい新聞や雑誌を売る露店がある。そこで買って来た、多量の広告面をもつ分厚い新聞をパラパラめくる人がいる。食べる前にもう一度、店のそなえつけのポットのお湯で小皿や碗を洗っている人もいる。そしてまわりをせわしく動きまわるワゴンから自分の好きな物を選び、それを食べつつ、話したいことを話し、片づけるべき用事を片づけ、満腹になったらこのにぎやかな場所を後にする」といった記述を行っている（永倉百合子「飲茶点描」『アジア遊学』三六、二〇〇二年）。

朝食としての飲茶の外食は、香港に限らず、広東地方の一般的な習慣のようである。賈蕙萱《カケイケン》によれば、「広東の人は、朝は家でごはんを食べないで、『吃早茶《チーツアオチヤー》』といって、朝食は外で」とる（賈蕙萱／石毛直道『食をもって天となす──現代中国の食』平凡社、二〇〇〇年）。また、朝食を外食する習慣は、広東以外の中国各地にも存在するようで、たとえば、武漢大学のある教授の教示によれば、湖北省の武漢市では朝食を家でとる人はほとんどおらず、みな近所の食堂でとる。家族一緒の場合もあれば、出勤の時間に合わせて、夫と妻が別々の時間に食堂に行き、子どもは学校の時間に合わせて、夫か妻のどちらかに連れられて食堂に行くといったケースもある。外食するのは、夫婦共働きがふつうのため、夫婦ともに家で朝食を準備する時間がないからである。自炊をするのは、外食のお金を用意できない貧しい老人くらいであるという。

ベトナムはフォーやソイ

ベトナムでも多くの人が朝食を外でとっている。私は、ホーチミン市とハノイ市の市街地を歩いたことがあるが、そのときも、早朝五時頃から、路上の屋台、露店でフォー（米粉でできたうどん）を朝食としてとる大勢の人びとを実見している。現地の人たちに尋ねてみると、「自宅で調理して朝食をとるのは、奥さんが外で働かなくてよかったり、メイドさんを雇ったりしている政府の高官の家や富裕層だけで、庶民はみな家の外で食べている」という説明を聞くことができた。

社会心理学者で、ハノイに滞在して当地の路地の暮らしを調査した伊藤哲司もベトナムの外食式朝食に注目しており、次のように記している。

朝食を家で作る習慣のあまりないハノイの人々は、路地に面した店で、フォー（ベトナムうどん）やソイ（蒸した餅米）などを食べることが多い。人気のあるフォー屋では、席がすっかり埋まっていて、回転も速い。プラスチック製の小さなテーブルに小さな椅子。路地に面した店先で、おばさんが忙しくフォー・ガー（鶏肉入りうどん）やフォー・ボー（牛肉入りうどん）を作り、おじさんや娘さんたちが、忙しくそれを各々のテーブルに運んだりしている。ハノイの学校は二部制が基本で、朝の部は午前七時から始まるから、早くから学生たちや子どもたちの姿も見かける（中略）。身なりの整った大人の姿も多い。食べ終わると急いで日本製のバイクにまたがり、職場に向かう人もいる。

（伊藤哲司『ハノイの路地のエスノグラフィ——関わりながら識る異文化の生活世界』ナ

カニシャ出版、二〇〇一年）

また、商社マンとして現地に滞在していた人物によるエッセイでも、

朝、ベトナム人のほとんどの家では料理はしない。朝食は外食。ハノイのフォーガー（鳥肉入り米うどん）から始まって、雑炊、ご飯、饅頭《まんじゅう》、その他。家の中で料理するのは夕食だけだ。

「毎朝、家族で朝食を外で食べるとなると、家計は大変だな」と、ベトナム人の友人に尋ねると、「朝食の費用は結構かかりますよ。前はすごく安かったんですが、最近は朝食といっても馬鹿にできない金額です。家で作る方が安いに決まっていますがね、家ではちょっと……」

彼も奥さんの労働を増やすことが難しいと言っているのだろう。朝食は外で食べることになっている。家の中で調理をすると、調理用の練炭に火を点けることになって、家の中が暑くなる（中略）。

五時半に朝食を食べる人がたくさんいるということは、四時半ごろから無数の朝食屋さんが活動を開始する。ありとあらゆる路上商店が、五時には移動を開始する。

（樋口健夫『ベトナムの微笑み――ハノイ暮らしはこんなに面白い』平凡社、一九九九年）

というレポートがなされている。

プノンペンはかゆ・うどん

ベトナムの隣国カンボジアの都市にも、朝食を外食する習慣がある。以下は、石毛直道とケネス・ラドルによるレポートである。

他の東南アジアの都市民とおなじように、もともとプノンペン市民は、忙しい朝は外食ですますことがおおかった。出勤前に近くの店に立寄り、肉や魚入りの粥か、コメでつくったウドンを一杯すすりこむのが、勤め人の朝食であった。インフレとはいえ、露店でのこのような民衆の食事は、手のとどかない金額ではないようだし、ガスや電気の供給がままならないのでは家庭で朝食の準備をするのもたいへんだし、ということで、早朝から露店の食べもの屋はにぎわっている。

（石毛直道／ケネス・ラドル『アジアの市場――歴史と文化と食の旅』くもん出版、一九九二年）

バンコクはいつも外食

タイのバンコクでは、朝食に限らず、すべての食事を外食ですませる人が少なくないという。中には台所を持たない家もあるという。以下、森枝卓士《もりえだたかし》によるレポートを引用してみよう。

（朝食は――引用者注）屋台や食べ物屋で食べてすますか、あるいはお惣菜もご飯も買ってきて、そのビニール袋に入っているものを、お皿に盛って準備はおしまい、というわけなのである。さらにショックだったのが、それが独身の一人暮しに限らないということだった。台所もある家に住み、家庭を持っている人々でも普段は料理しないというのも珍しくないという。嘘みたいな話だけれども、土地のとある料理の先生に、家庭料理を教わったら、教える時にはやるけれども、家ではあんまり……、買ってくることが多くて、というのだ。最初は呆れたが、事情を知るにつれ、ある程度、納得がいくようになった。まず、外食にしても、屋台などだったら、家庭で作るのと同じくらいの予算ですんでしまう。貧富の差がまだまだ激しいから、人件費は安く、まとめて材料も仕入れているので、普通に市場やスーパーで買ってきて作ることを考えると、馬鹿らしいくらいなのである。よっぽどの人数の家庭でもない限り、買ってきた方が安いといっても、決してオーバーではないのだ。また、日本とは比較にならないほど女性の社会進出が盛んで、若いうちだけでなく、共稼ぎは珍しくない。いきおい、外食ですませるか、お惣菜を買ってきてすませるという構図になるのである。

（森枝卓士『図説 東南アジアの食』河出書房新社、一九九七年）

シンガポールのセルフカフェ

かつて世界有数のスラムが存在したとされるシンガポールは、一九六五年のシンガポール共和国建国以降の近代化政策により、いまでは全人口の八五パーセント以上がＨＤＢ（Housing and Development Board：住宅開発局）フラットと呼ばれる団地に居住している。各団地の一階には、雑貨店や食堂をはじめ、さまざまな店が並んでいるが、どの団地にも必ずといってよいほど存在するのが、コーヒーショップ（華語では珈琲店）である。ここでいうコーヒーショップとは、シンガポールの銀座といわれるオーチャード・ロードなどにあるようなハイカラなものではなく、セルフサービスで、コーヒー、パン、フライドライス、やきそば、肉骨茶（バクテー）などを購入して席で食べる形式のものをさす。

こうした大衆的なコーヒーショップは、かつては「古いショップ・ハウスの街の角に」

シンガポールのコーヒーショップにおける朝食風景

あり、現在は、団地一階にある「二面開け放しの店で冷房などあろうはずもなく、すすけた天井から同じくらいすすけた扇風機がぶらさがっているのが関の山」（田中恭子『シンガポールの奇跡——お雇い教師の見た国づくり』中央公論社、一九八四年）といった体の店のことである。

プラスチック製のテーブルと椅子は、風通しの悪い店内にはほとんど置かれず、店の前の歩道上に置かれている。歩道上の席は風が吹くと涼しく快適である。座席は、歩道上のほうから埋まってゆく。コーヒーショップの経営者は、現在は多様化しているが、一〇年ほど前までは、海南島や福州出身者が多かった（山下清海『東南アジアのチャイナタウン』古今書院、一九八七年）。

団地の住民は、階下のコーヒーショップか、あるいは勤務先近くのコーヒーショップで朝食をとるのがふつうとされている。いずれも毎日行きつけの店である。子どもたちには、母親がマーケットで買ってきておいたパンなどを家で食べさせ、大人はコーヒーショップへというパターンが多い。コーヒーショップへは、夫婦、家族、職場の同僚、そのほかの友人などと行く。一人で来ている人もいるが、多くは連れがいる。一人の場合は、コーヒーを片手に新聞を読む人が多いが、連れがある場合は、さまざまなおしゃべりが交わされている。

そこでの話の内容は、他愛のないものだそうだが、人のうわさ、競馬などのギャンブルの話、タブロイド判新聞のネタになりそうな話、ちょっとした政治的な小話もなされるという。国家による国民管理が厳しいシンガポールでは、国民が表立った政府批判をすることは皆無とされているが、コーヒーショップでは諷刺《ふうし》的な政治批判の語りもなされているという（ほかに、政治批判の語りとしては、タクシーの車内で運転手が客に語るものが知られているという）。なお、この場合、「コーヒーショップには客にまじって政府のスパイがいる」という話も存在するが、真偽のほどはわからないという（シンガポール国立大学の林明珠教授による）。

朝食を外ですませる理由を現地の人たちに尋ねてみたところ、多くの人は、「これが習慣だから」「朝は忙しくて家でつくれない」「外で食べたほうが安く上がる」といった回答であった。朝食に限らず、シンガポールでは外食がさかんであり、その理由については、シンガポールは中国沿岸部からの「出稼ぎの労働者が集まった場所なので、かつては女性の人口がすくなく、いきおい外食が発達した都市となった。その歴史が現在の食習慣にもうけつがれているのであろう」（前掲『アジアの市場――歴史と文化と食の旅』）とか、「移民たちのなかに、少ない元手で独立して商売をやりたいと思う者が、次々と屋台を出すようになった」（前川健一『東南アジアの日常茶飯』弘文堂、一九八八年）から、といった解釈が提出されている。

3　モーニングをめぐる考察

なぜ行われるのか？

私は、日本のモーニングを調査する際に、なぜ喫茶店で朝食をとるのか、という問いかけを必ず行ってきた。そこで得られた回答は、「習慣だから」というのが最も多かったが、それ以外にも理由を述べているものがある。それらは、多岐にわたるが、整理してみると、大きく次の二点に分けられる。

①　時間・労力の消耗を軽減する手段

②　コミュニケーションの場として必要

たとえば、①に含まれる回答としては、「夫婦共働きで朝は忙しく、家で朝食をつくる時間がない」「家内工場の仕事が忙しく、朝食をつくる暇があったら一つでも多く製品を仕上げたい」「たまの日曜日くらい母親に楽をしてもらいたい」「女は一日中、誰かに何かをしてあげている。モーニングは、してあげるのではなく、店の人にしてもらうもの。ささやかな贅沢」「毎朝、朝食をつくるのが面倒。楽をしたいから」といったものがある。労働や家事に追われる人たちにとって、朝食を外食ですませることは、時間や労力の消耗を軽減する手段の一つであった。

②に含まれる回答には、「モーニングに来ないと情報が入らない」「モーニングに顔を出せへんと、『都会』の情報から遅れてしまう」「早起きの老人にとっては、モーニングでの世間話が何よりの楽しみ」といったものがある。なお、この場合、二つ目の回答にある

「都会」についてだが、この回答をした人は、都市部の、しかも喫茶店から数軒先に居住しており、決して「田舎」に暮らしているわけではない。ここでいう「都会」とは、人びとが集まり、情報が行き交う場所、すなわち喫茶店という意味である。

これらの回答からわかるように、モーニングは、単なる飲食の場ではなく、コミュニケーションの場となっているのである。「朝食だけなら、コンビニ弁当ですませたってかまわない。しかし、コンビニ弁当には会話はついてこない。モーニングには、会話と触れ合いがある。家で朝食を食べた後に、コーヒーだけ飲みに来る人もいるが、そういう人は、常連客やマスターとの井戸端会議が目的だ」とは、大阪市内のモーニング常連客の声だが、ここには、コミュニケーションの場としてのモーニングのあり方が、よく表現されているといえよう。

日本での分布

喫茶店のメニューとしてのモーニングサービス、モーニングセットは、日本全国どの都市においてもほぼ存在すると予測される。そして、それを利用する多忙なサラリーマンのような人たちも広く存在するものと予想されよう。しかし、単なるメニューとしてのモーニングサービス、モーニングセットではなく、また、サラリーマンらの利用が中心といったものでもなく、主婦、子ども、老人、家内工場の人たちといった、より広範な人びとがその居住地域における日常生活の一部として喫茶店で朝食をとる現象（すなわち「地域の習慣としてのモーニング」）となると、その分布は全国に普遍的とはいいがたい。

現在までに私が確認しえたところでは、中京圏、関西圏、中・四国に事例を見出すことができ、それも都市部の、おそらくは下町的な地域でさかんに行われているものと見ることができる。

一方、東京やその近郊などでは「地域の習慣としてのモーニング」は一般的でないといえるのではないだろうか。たとえば、中京圏にしろ、関西圏にしろ、中・四国にしろ、「モーニング」という言葉が喫茶店での朝食習慣をさすことは、現地の多くの人が知っており、大阪には、「中学校の英語の試験で、morning を『朝食』と訳す生徒がいる」という笑い話も伝わっているほどである。これに対して、東京では、大田区や荒川区の、下町的な雰囲気を持ったところでも、「モーニング……何それ？」という反応が返ってくるのであり、これが喫茶店での朝食習慣をさすことは、知られていないのである。

あるいは、東京やその近郊で育ち、現在もそこで暮らす大学生などは、私が民俗学の講義で関西圏のモーニングについて話題にしたのを受け、次のような興味深いコメントをしている。

「前にテレビで、ある芸能人が、『私の実家のほう（関西）は、みんな朝ご飯を喫茶店に食べに行きます』と言うのを見て、面白いところもあるんだなあと思っていたのですが、これのことだったんですね」（武蔵大学学生、東京都出身）

「私の祖母は尼崎に在住していますが、私が幼い頃から、遊びに行くと、毎朝なぜか、『亜米利館』という喫茶店に連れていかれました。私は、祖母がただ単に朝食をつくるのを面倒くさがっているのだと思っていたけれど、先生が言うようにもっと深い意味があるのかもしれない。埼玉には『モーニング』はありません」（尼崎市の事例・Aさんの孫、武蔵大学学生、埼玉県出身）。

こうしたコメントからも、東京とその近郊の人びとにとって、モーニングは縁遠いものであることがうかがえるだろう。このほか、たとえば、東北地方の一都市である秋田市では、秋田駅近くの商業地域の喫茶店にモーニングセットのメニューは存在するものの、これを利用しているのはきわめて少数のサラリーマンに限られており、「地域の習慣としてのモーニング」などはまったく存在していない。

なお、モーニングの分布が濃厚な地方でも、地域や階層によっては、モーニングが行われていない場合がある。

たとえば、大阪・神戸周辺でも、「小学校から高校までは阪急雲雀丘花屋敷《ひばりがおかはなやしき》駅、大学は阪急門戸厄神《もんどやくじん》駅、大学院は阪急六甲《ろっこう》駅、買い物は阪急梅田駅の阪急百貨店というように、阪急沿線の中で育ち、梅田より南には行ったことがない」（これらの場所は、いずれも下町的な生活様式とは異なる暮らし方が展開されている生活圏である）というある三〇代の女性は、「家族にモーニングに出かける人は皆無であったし、モーニングというものがどのような雰囲気のものかわからない」と語っている。

第一節での記述内容や、この女性の発言内容などからも推測されるように、モーニングは、町工場や長屋などが密集する下町においてとくにさかんな習慣であるということができるだろう。

ただし、このように述べると、中京圏の事例に見られるような郊外型のモーニング、つまり、「休日の朝に家族で郊外の喫茶店に車で出かける」タイプ（「休みの日くらいお母さんを楽にさせたいから」といった理由が語られることも多い）の存在をどう説明するかという課題が残る。

私はこれについて、下町的なモーニングのほうが基本型で、「郊外型のモーニング」は、そこから派生したものなのではないかと考えている。

モーニングの歴史

これまでの記述によってわかることは、一九五〇年代にすでに広島市や一宮市にモーニングサービスが存在したこと、その後、一九六〇年代中頃に豊橋市や松山市でモーニングサービスが開始されていること、また、豊橋や松山の場合、とくに「出勤前のお客」「サラリーマン」への提供が意識されていたこと、東大阪でも一九六四年頃にはモーニングが行われていたという証言があることなどである。

モーニングの「発祥」については、決定的なことはいえない。こうしたメニューやサービスは、一定の時間幅の中で、複数の地でそれぞれに発生する可能性も十分あり、起源を特定しようとすることにはあまり意味がないといえよう。

発祥の地や店についてはともかく、モーニングが生活の中に入り込んできた頃の状況については、次のような語りが存在する。

「(話者の住む東大阪市衣摺周辺で）モーニングが行われはじめたのは昭和三九（一九六四）年生まれの娘が生まれた頃。街（大阪市内をさす）ではもっと早くからやっていたかもしれない。各家に水道が引かれたのもこの頃。以前は、洗濯や炊事は共同水道で行っていたが、共同水道の前では、近所の奥さんたちがいつも井戸端会議をやっていた。それが、各戸給水になってからは、モーニングが共同水道の井戸端会議にとって替わった」。

共同井戸や共同水道が使用されなくなった時期と、モーニングがさかんになりはじめた時期とがほぼ重なっているという話は、各地でしばしば耳にするところである。各戸給水の実現によって共同井戸・共同水道における文字どおりの井戸端会議が消滅しつつあった状況下でモーニングが登場し、これが井戸端会議の役割を代わりに担ったということになる。

モーニングは、当初、喫茶店経営者側にとっては、「出勤前のお客」「サラリーマン」へのサービスを意図したものであったが、これが地域の生活者、とりわけ女性たちには、井戸端会議の場として受容されたのである。供給側の意図とは異なる受容の実態があり、興味深い。

アジアの中のモーニング

さきに見たとおり、朝食を外でとる習慣をアジアに求めると、その事例は広く見出せる。現段階では、香港、中国、ベトナム、カンボジア、タイ、シンガポールの事例を知ることができ、それらはいずれも都市部の暮らしに根づいた習慣となっている。

こうした事例からは、朝食が外食で行われる理由として、①女性の社会進出＝男女共働きにともなう家事の省力化、②電気・ガスなど近代的インフラの未整備がもたらす朝食準備の負担を軽減させるため、③安い人件費などを背景に、外食のほうが安く上がるという実態があるから、④単身出稼ぎ者が面倒な自炊を避けた伝統、⑤熱帯気候下で屋内調理をすると室内温度が高くなるのでこれを避けるため、⑥なじみの仲間との談話が可能、といった理由をうかがうことができる。

これらのうち、①、④、⑥などは、日本のモーニングにも通じる。アジア的視野の中で眺めた場合、むしろ都市社会では、朝食を外でとることのほうが一般的だといってよいくらいであり、日本のモーニングには、アジア都市社会に共通する生活文化としての性格があるといっても過言ではないであろう。*8

アジアの外食朝食の分布は、ここで扱った地域以外にもより広く存在する可能性がある。今後さらに事例の収集と検討を進めたい。ただし、アジアの都市社会でも外食朝食の行われない地域が存在することにも注意しておく必要がある。たとえば、ラオスのヴィエンチャンの街には屋台が少なく、隣接するタイの状況とは対照的である。この差異について森枝卓士は、「都市とその周辺の流通、交通網がネットワーク化されているタイの場合と、それが遅れたラオスの差」（前掲『図説 東南アジアの食』）などがその原因かと推測している。

「ヴァナキュラーな公共圏」としてのモーニング

ここで、モーニングを、ヨーロッパで生まれた「コーヒーハウス」「カフェ」と比較しておきたい。

一七世紀に、コーヒーとコーヒー文化がトルコからヨーロッパに伝えられると、「コーヒーハウス」（イギリス）とか「カフェ」（フランス）と呼ばれる社交空間が出現し、一八世紀に入ると大いに活況を呈するようになった。この空間は、近代ヨーロッパの理想の人間像である「社会的・経済的・精神的に自立した個人」としての「市民」が集まる場所とされ、実際、そのような人たちが多く集まって会話を楽しんだ。「他者（ここでは家族や親族など親しい関係にある者以外の人間のこととしておく）同士が出会い、コミュニケーションをする場」を「公共圏」というが、「コーヒーハウス」「カフェ」は、「市民」によって形成される公共圏、すなわち「市民的公共圏」ということができる。[*9]「市民的公共圏」の特徴は、「市民」による理性的・論理的なコミュニケーションが展開されるところにある。この意味で、「市民的公共圏」は、近代ヨーロッパの啓蒙主義を体現した空間（＝「啓蒙主義的公共圏」）であるといえる。

一方、モーニングでの人びとの言動には、啓蒙主義的合理性では割り切れない要素が少なからず含まれている。会話をするのに、理性的・論理的であることは求められない。やって来る客が、「社会的・経済的・精神的に自立した個人」としてのヨーロッパ的「市民」である必要もない。モーニングの場も、「他者同士が出会い、コミュニケーションをする場」には違いないので「公共圏」ということはできる。ただし、そこは、同じ公共圏でも、「市民的公共圏」とは異なる「対啓蒙主義的な公共圏」、つまり「ヴァナキュラーな公共圏」なのである。

「ヴァナキュラーな公共圏」は、「市民的公共圏」よりも価値の低いものではない。社会思想史研究の分野では、「市民的公共圏」は、男性、文化資本（識字能力、教養など）のある者たちの特権的空間であって、それ以外の人びとを排除して成立していた「公共圏」であることが明らかにされている。そして、そこから排除された人びとが形成していた「もう一つの公共圏」に着目し、それがどのような性質の社会空間であったかを研究する必要があると論じられている。*10 この場合、私がいう「ヴァナキュラーな公共圏」は、この「もう一つの公共圏」に相当するものといってよい。

社会は、啓蒙主義的合理性だけで成り立ちうるものではない。これは、民俗学が豊富な事実を示して強調してきたことだ。われわれは、啓蒙主義と対啓蒙主義の双方に配慮した社会のあり方を考えなければならない。「公共圏」にもこのことがいえる。「市民的公共圏」だけが「公共圏」なのではない。「ヴァナキュラーな公共圏」もまた社会的存在意義を持った立派な「公共圏」である。本章で見てきたモーニングは、このことを明確に示しているといえよう。

第5章　B級グルメはどこから来たか？

「B級グルメ」という食のジャンルがある。A級＝「高級」に対して、B級＝「庶民的」の意味で、おいしいけれども値段が手頃な料理のことだ。言葉としては一九八〇年代から使われている。[*1] このB級グルメ、二〇〇〇年代以降は、「まちおこし」「地域活性化」のネタとして注目されるようになっている。

二〇〇六年二月に第一回「B級ご当地グルメの祭典 B-1グランプリ」が青森県八戸市で開催され、そのときの開催団体によって同年七月に「B級グルメでまちおこし団体連絡協議会」（通称 愛Bリーグ）が組織されている。[*2]

B級グルメの中には、まちおこし団体や行政が何の前史もないところから人工的にひねり出した（言葉は悪いが「でっちあげ」）のではないかと思われるようなものもないわけではないが、多くの場合は、もともと「B級グルメ」などと名付けられていたわけではないローカルな食が、まちおこし団体や行政によって「発見」され、「B級グルメ」として位置づけ直されて売り出されるようになったものである。

　B級グルメ以前のローカルな食は、ヴァナキュラーな性格を持った食である。つまり、①支配的権力になじまない、②啓蒙主義的な合理性では必ずしも割り切れない、③「普遍」「主流」「中心」とされる立場にはなじまない、④公式的な制度からは距離がある、というヴァナキュラーの特性を持った食である。

　本章では、B級グルメの母体ともなった「ヴァナキュラーな食」の世界について眺めていく。

引揚者の円盤餃子

「餃子の街」と呼ばれる街がある。福島市、宇都宮市、浜松市などだ。これらの街には、引揚者や復員兵が餃子を持ち込んだとされている。引揚者とは、第二次世界大戦敗戦以前、満洲、大陸中国、台湾、朝鮮半島、樺太《からふと》、南洋諸島などに移住して暮らしていた日本人で、一九四五年以降日本列島に戻ってきた人たちのことをいう。復員兵は、軍役を終えて帰国した日本軍兵士のことだ。

　福島市の例を見てみよう（以下は、『福島民友』二〇一五年九月一三日付記事「回想の戦後70年　食編（1）円盤餃子」による）。

こんがり焼けた餃子（ギョーザ）が大輪の花を描いたように並んだ円盤餃子は、福島市を代表するご当地グルメだ。その歴史は一九五三（昭和二八）年、満州（中国東北部）から引き揚げた一人の女性から始まる。福島市の老舗餃子専門店「元祖円盤餃子　満腹」の創業者、故菅野かつゑさん。「福島の餃子は引き揚げ者の歴史。まさに餃子一つでのし上がった人で、とにかく餃子作りには人一倍厳しかった」。かつゑさんの孫仁子さん（五一）の夫で三代目主人の椎野幸嗣さん（六〇）は、亡き創業者の人柄を語る（中略）。

かつゑさんは南満州鉄道の技師だった夫の故政美さんと満州で暮らしていたが、敗戦で引き揚げ者となった。仕事もなく貧しさの中で体を壊した政美さんと息子を養うため、かつゑさんは同年、福島市の稲荷神社の近くで女手一つ、もらい物のリヤカーとしちりん、自前のフライパンで餃子を焼く屋台の居酒屋を始めた。

椎野さんによると、かつゑさんは満州時代に現地の使用人たちから餃子の作り方を学んでいた。満州では水餃子が主流だったが、使用人たちは残った水餃子を中華鍋にびっしりと並べて焼き、皿にひっくり返して出してきた。焦げ目のついた餃子がとてもきれいだった。かつゑさんは帰国後、フライパンでこれを再現し、近所に振る舞っていたという。

居酒屋では当初、焼き鳥やおでんも出していたが、本場仕込みの餃子は、たちまち話題となった。白菜と豚肉、ニラ、長ネギ、少量のニンニクとショウガを使って手間ひまかけた、うまみたっぷりのあんを包んでいた。開店三カ月後には「他はいらないから餃子だけくれ」という客の声で餃子専門店になった。

五〇年代の稲荷神社周辺は、引き揚げ者らが建てたバラック（粗末な仮小屋――引用者注）の小店が乱立し、やみ市の様相を色濃く残していた。バラック街は連日、仕事帰りのサラリーマンであふれ、安くてうまくてボリュームのある餃子とコップ酒は庶民の味方だった。一つのフライパンで一度にたくさん焼けることと、見た目の強烈さから、円盤餃子は飲み屋のつまみとして市内に広まった。後続の専門店も生まれて切磋琢磨し、それぞれの味を作り上げていった。

福島市の発展とともに、満腹も屋台からカウンターだけのバラックへ、さらには現在の仲間町に店を構えるまでに変遷を遂げた。二〇一〇（平成二二）年に一〇三歳の生涯を閉じたかつゑさんは、九一歳まで店に立ち続け、創業の味を守り続けた。

引揚者と餃子の関わりは、家庭内でもあった。たとえば、私がかつて教えた宮城県出身の学生の実家（同県柴田郡大河原町）では、正月のおせち料理として毎年、餃子が出されている。その事情は次のようなものだ。

> うちでは正月に餃子をたくさんつくります。これは祖父が満洲に行っていたことと関係があります。祖父やその父が満洲にいた頃は、祝い事など、何かあるごとに餃子を食べていたそうです。その頃の名残で、我が家では満洲にいたことを忘れないように、という意味を込めて正月という節目に餃子を食べることにしています。
>
> （國學院大學文学部で行った筆者の講義を受講した学生のレポート〔二〇〇八年八月〕より）

この学生の祖父は、一九三七年に医師だった父に連れられて渡満し、洮南《とうなん》で小学校に入学した。その後、荘河《しょうが》、公主嶺《こうしゅれい》と転居して同地で終戦を迎え、一九四六年に葫蘆島《ころとう》から博多経由で宮城へ引き揚げている。

じゃじゃ麺

中国東北部由来の「じゃじゃ麺」（炸醤麺）も、引揚者が持ち込んだものである。

一九五〇年代の岐阜市では、繁華街の徹明町から金宝町にかけての一帯に十数軒の屋台が並んでいたが、その中の一つが満洲引揚者による「じゃじゃ麺」の屋台であった。生姜がきいた甘辛い味噌に短冊形に切った豚肉の入った麺料理であったという（岐阜市在住者からの聞き取りによる）。

岩手県盛岡市の桜山商店街にある「じゃじゃ麺」店、「白龍」も満洲引揚者がはじめたものだ。盛岡での草分けとされるこの店の「じゃじゃ麺」をはじめ、市内には「じゃじゃ麺」を出す店が多くある。現在、「じゃじゃ麺」は盛岡の名物となっている。

「白龍」の「じゃじゃ麺」は、創業者の高階貫勝氏が、戦後、盛岡市内の屋台で出したものからはじまる。

『岩手日報』ウェブ版ホームページに設けられた「もりおか三大麺めぐり」の記述によると、[*3]一九九一年に八二歳で亡くなった高階氏は、「第二次大戦前に中国東北部（旧満洲）に移住。昭和二〇年代半ばごろに奥さんの出身地盛岡に引き揚げ、一、二年ほど手作りギョーザの屋台をやっていた」が、「中国で食べた『ジャージャー麺』の味が忘れられなかったのか、ギョーザの皮を作った残りの粉で麺を打ち、みそを作り、屋台の客にじゃじゃ麺を出してみ」た。一九五三年のことであった。その後、桜山更生市場（現、桜山商店街）内に店を構えたのが、現在の「白龍」のはじまりである。

別府冷麺

近年、「別府冷麺」が大分県別府市のB級グルメとして注目されるようになっている。二〇二〇年には、別府市内の三〇軒を超える飲食店で冷麺が出されている。別府冷麺の形成にも引揚者が関与している。

一九四六年、満洲から別府へ引き揚げる日本人妻（別府出身）とともに別府にやって来た朝鮮人の金光一《キムクワンイル》氏（一九二四年に全羅道《ぜんらどう》で生まれ、少年期に満洲に渡った）は、海門寺《かいもんじ》マーケット（海門寺公園に形成された闇市が再編されたもの）の一角で「アリラン食堂」を開店し、そこで冷麺を出した。これが別府冷麺のはじまりである。ただし、金氏はほどなく在日朝鮮人団体の専従活動家となって店を手放すことになる。だが、冷麺の系譜は途切れなかった。

すなわち、金氏が奉天（現、瀋陽）でキャバレーを経営していたときの従業員で、ともに別府に移住してアリラン食堂の調理をまかされていた日本人引揚者の松本一五郎氏（久留米市出身で渡満していた）がこのとき独立し、ラーメン店「大陸」を開店。同店の主要メニューが冷麺となったのである。そしてさらに、松本氏のもとで修業した日本人が市内でラーメン店や冷麺専門店を開いていった。こうして別府市内に冷麺が普及したのである。

別府には満洲や朝鮮からの引揚者が多く、冷麺を懐かしがったことも冷麺普及の一因らしい。なお、金氏も一九六四年に焼肉店を再開している。現在の「春香苑」がその店である。

この場合、別府冷麺の出発が「海門寺」であったところが興味深い。

敗戦当時、別府港（現在のゆめタウンがある場所）から別府駅に至る間の市街地は、戦争末期に疎開地に指定されたため立ち退きが行われ、空き地ができていたが、この疎開地に戦後、引揚者や戦争被災者、あるいは在日コリアンなどが仮小屋をつくり、闇市を形成した。[*4] その中でも、とりわけ海門寺公園付近は、「別府カスバ」「魔窟」と呼ばれ、「近寄りがたい雰囲気のする場所」だった。

別府で生まれ育った作家の鬼塚英昭は、海門寺公園付近の状況について描く中で次のような記述を残している。

> 関西から流れついた小西組。大陸から引揚げてきた一部の無職の集団。言葉としてはどうかと思うが、当時の警察さえ使っていたアウトロウ集団。それに、一部の解放国民の群、彼らが既成の暴力地図と混じりあった。かくて異様な組織暴力地図が別府に生まれてきたのである。流れ者の博徒たち、テキヤ集団、特攻くずれ等の引揚げ兵士のアウトロウ集団、右翼、そして共産党も一部過激化していた。

答えている。

また、別府の地元新聞『今日新聞』の創業者、故檀上榮氏も、戦後、引揚者として別府にやって来た人だが、敗戦直後の別府の街の様子について尋ねた私の質問に、次のように答えている。

駅前通りの繁華街の真ん中や海門寺公園に引揚者や在日がひしめいていて、このあたりには戦前からの有力者はあまりいなかった。移住者、引揚者はさぞ居心地が良かったでしょう。

（鬼塚英昭『海の門――別府劇場哀愁篇』私家版、二〇〇二年）

こうした語りや、右で行った引用を見ると、海門寺公園周辺には「アジール」としての性格があったということが可能である。

アジールとは、「避難所」「隠れ場」「聖域」を意味する語（もともとはギリシア語）で、学術用語としては、「不特定多数の人びとが集まる一種の聖域で、主流社会と距離のある生活が行われうる空間」と定義できるもののことである（島村恭則「別府と伊東――アジールとしての温泉都市」『関西学院大学先端社会研究所紀要』五、二〇一一年）。[*5]

別府冷麺は、引揚者を含む外来者たちの混沌とした生活状況やアジール的空間の中から登場してきたのである。

遠野のジンギスカン

岩手県遠野市は、柳田國男の『遠野物語』で有名な場所である。『遠野物語』とは、柳田が、遠野出身で早稲田大学に学んでいた佐々木喜善《ささききぜん》という青年から聞き取ったさまざまな話をまとめ、一九一〇年に刊行した本である。

この本の冒頭に掲げられた「願はくは之を語りて平地人を戦慄せしめよ」という言葉については序章で触れた。

遠野では、現在、ジンギスカン（羊の焼肉料理）が名物の一つとされている。遠野市内には、ジンギスカンの専門店が三店ある。また市内の食肉店ではどこでも羊肉を販売している。

ちなみに、『遠野物語』にこの料理は登場しない。この本が書かれた時代に遠野の「ジンギスカン」は存在していなかったから当然だ。

遠野のジンギスカンの歴史は一九五五（昭和三〇）年まで遡る。ジンギスカン専門店「あんべ」（安部商店）の創業者、安部梅吉氏（一九一三―九五）は、戦後、遠野市一日市《ひといち》の一角で食肉店を経営しつつ、店の傍らで中華そば屋を営んでいた。この中華そば屋のメニューとして一九五五年にはじめて出されたのが遠野ジンギスカンの第一号である。

なぜジンギスカンだったのか？　遠野では、一九二三（大正一二）年の段階で一六頭の「めん羊」（羊の一種）が飼育されていたことがわかっている（遠野市史編修委員会編『遠野市史』四、遠野市、一九七七年）。そして、第二次世界大戦後には、衣料資源としての羊毛をとるため、「どこの家でも二、三頭のめん羊を飼っており、昭和四〇年頃までは遠野市でめん羊のせり市があったり、剪毛の講習会も開かれた」（『中山間地域等におけるめん羊飼養と利用及び振興等に関する調査報告書』Ⅱ、公益社団法人畜産技術協会、一九九九年）という状況であった。

ただ、めん羊を飼育する農家の一部を別にすると、羊肉を食べる習慣は一般化していなかったといわれている。*6

そうした状況の中で、戦前、満洲で従軍し、そのときに現地で羊肉を食べたことのある安部氏が、めん羊の肉を用いてジンギスカンをつくることを思いついたのである。

当初、客は羊肉をなかなか受けつけなかったようだが、羊肉は値段が安いこともあって、次第に広まっていった。また、食肉店のほうでも羊肉を小売りし、羊肉を買った客には、自分でジンギスカンができるよう七厘《しちりん》の貸し出しも行った。並行して、ほかの食肉店でも

ジンギスカンバケツ（遠野市）

羊肉を扱うようになった。

こうしたことから、次第に遠野市民の間に羊肉が広まっていったのである。現在、遠野の人びとは、忘・新年会や野球大会、消防団の寄り合いなど、ことあるごとにジンギスカンを食べるようになっている。

ところで興味深いのは、「ジンギスカンバケツ」なるものの存在である。前出、安部氏が一九六九年に発明したもので、中に固形燃料を入れ、上にジンギスカン用の鉄鍋をのせて調理をするためのブリキのバケツである。バケツには、通気孔としていくつかの穴が開けられている。それまで安部商店では七厘を客に貸し出していたが、破損して返却されてくることが多かった。そこで、破損しにくく安価でつくることのできる道具として、安部氏が開発したのが穴開きバケツであった。その後、市内の金物店による商品化も進み、市内の家庭には自家用のジンギスカンバケツが相当数普及しているといわれている。遠野における現代の民具の一つであるといえるだろう。

芦別のガタタン

北海道芦別《あしべつ》市の食堂で出されるガタタンという中華スープも、引揚者がもたらしたものである。

ガタタンは、豚骨・鶏ガラベースに野菜や豚肉、ちくわ、卵などを入れたとろみのあるスープで、満洲引揚者の村井豊後之亮《むらいぶんごのすけ》氏が芦別駅前で開店した食堂「幸楽《こうらく》」のメニューとして出されたものである。現在、芦別の食堂では、ガタタンに、「含多湯（ガタタン）」の字をあてているが、もともとは中国語の「疙瘩湯（ガーダータン）」で、中国東北部の家庭で出されるスープにこれがある。

ガタタンの歴史を調査している、芦別市立星の降る里百年記念館館長の長谷山隆博氏の教示によると、村井氏は、一八九七（明治三〇）年に愛知県宝飯《ほい》郡蒲郡《がまごおり》町（現、蒲郡市）で生まれ、二〇代で渡満した。旅順で水道技術を習得し、新疆《しんきょう》公務所（市役所）に勤め、水道総技師長として五〇人の部下を持つまでになった。

一九四六年に日本に引き揚げると、新疆在職時の上司が札幌出身で三井建設の重役であったことから、水道技師の腕を買われ渡道する。札幌で暮らした後、人口が急増する芦別市へ水道工事に従事するため移住した。三井建設に勤めたが、定年前に同社を退職し、駅前繁華街の中古物件を入手。中華料理店「幸楽」を開店した。昭和三〇年代のことである。当初からメニューに「含多湯《がたたん》」を加え、酔客の締めの料理として評判となった。

村井氏は、一九八〇年に「幸楽」を閉店するが、それまでに「幸楽」で働いていた従業員や村井氏のもとで調理法を学んだ人たちが、それぞれの店でガタタンを出すようになり、現在、芦別市内では一〇を超える飲食店でガタタンが提供されている。また、近年のB級グルメブームに乗って、地元観光協会などでもガタタンを積極的に宣伝し、北海道のメディアでも多数取り上げられるようになっている。

室蘭のやきとり

ここまでの記述から、ヴァナキュラー食の由来に引揚者、復員兵、屋台、闇市が深く関わっていることがわかったが、B級グルメの母体となったヴァナキュラー食のすべてが、そうしたところから生まれてきているわけではない。

北海道室蘭市の「室蘭やきとり」は、鉄鋼マンたちのヴァナキュラー食として成長してきたものだ。

二〇一九年、私が指導する学部三年生のゼミでは室蘭市でのフィールド調査を行った。第3章で紹介した小樽市での調査同様、学生一人一人がテーマを設定して五日間、聞き取り調査をするプロジェクトである。

その中の一人の学生が「室蘭やきとり」を調査した。市内四か所のやきとり店で聞き取りを行ったが、そのうちの一店、「室蘭やきとり」の草分けとされる「鳥よし」での聞き取りには私も同行した。以下、学生の調査報告（岩渕香奈『労働者のまち・室蘭のやきとり』二〇一九年度関西学院大学 島村恭則研究室社会調査実習報告書）に、私の聞き取り結果を追加するかたちで述べていく。

現在、室蘭市内には六〇を超えるやきとり店がある。その中で、「鳥よし」は最も古い創業で、室蘭特有の「豚肉」を使った「やきとり」のルーツもこの店だとされている。

現店主の小笠原光好氏の父、小笠原連之介《れんのすけ》氏（室蘭生まれ）は、室蘭で印刷工をしていたが、一九三三（昭和八）年のある日、帯広《おびひろ》に出張した。その際、泊まっていた旅館の近くに「とり吉」というやきとり屋があったが、そこで出される「やきとり」は、豚肉を使ったものだった。

帯広には軍隊があり、そこから出される残飯を使ってたくさんの豚が飼育されていた。

豚皮は軍靴に加工され、肉や内臓は食用として軍で用いられるほか、市中にも流通していた。豚を用いた「やきとり」は、この流れの中で誕生したらしい。

当時、室蘭には、豚はもちろん、鳥のやきとり屋もなかったので、連之介氏は「これは商売になる」と考え、その店で修業をはじめた。そうして調理法を学んで室蘭に帰り、屋台を引いて豚の「やきとり」と野鳥のやきとりを売るようになった。

数年間は屋台だけだったが、一九三七（昭和一二）年、人通りの多い輪西《わにし》で店を構えた。「鳥よし」のスタートである。店を構えた後も、店のほうは妻のハツヨ氏が切り盛りし、連之介氏は屋台を引き続けた。

店のメニューには、鳥もあったが、野鳥は季節によって獲れない時期もあり、また鶏は値段が高いため、豚の内臓や精肉のほうがメインになった。

一九四三年から三年間だけは休業したが、四六年に店を再開した。連之介氏は戦後間もなく亡くなったため、その後は、ハツヨ氏が「やきとり」を焼いて五人の子どもを育て上げた。

「室蘭やきとり」の特徴は、豚を用いることのほかに、玉ねぎと洋からしが使われているところにある。「鳥よし」では、もともとは長ネギを使っていたが、玉ねぎのほうが安くて使い出があることから、一九五〇年代に入って玉ねぎを使うようになった。

　また、同じ頃、それまでタレにかけるために出していた胡椒に加え、洋からしも出すようになった。洋からしを添える習慣は他店がはじめたものだが、「鳥よし」の客も洋からしを出してほしいと言うようになったからだ。

「鳥よし」の客は、製鉄所やその関連会社の労働者が多かった。製鉄所で働く労働者は七時から一五時、一五時から二二時、二二時から翌七時の三交代制で働いていた。労働者たちは仕事が終わると製鉄所の通用門から出てきて輪西の商店街に繰り出し、やきとり屋や飲み屋で飲み食いして家に帰った。時代が平成になる頃まで、「鳥よし」が店舗を構えている通りには約一〇軒のやきとり屋があった。「鳥よし」は、七時から一五時、一五時から二二時で働く労働者の仕事帰りに合わせて、一五時から二三時まで営業していた。

「鳥よし」に通っていた労働者は、やきとりをつまみ、酒を飲みながらその日に職場で起こったことや愚痴を語り合った。上司が部下のミスを注意することもあったが、その話は酒の席で完結し、最後は上司がすべてのお金を払って帰っていく。みんな、失敗やいやな気持ちを翌日に持ち越さずに、次の日の仕事を頑張ろうと意気込んでいたという。当時の労働者にとってやきとり屋や居酒屋は、働く者同士が話をする大切な場として存在していた。

　ところで、こうした「やきとり」の世界は、室蘭の鉄鋼マンたちにとっては当たり前のことであり、それ以上のものではなかったが、二〇〇〇年代以降、これが世の中に広く知られるようになった。「全国やきとり連絡協議会」のウェブサイト[*7]によると、二〇〇〇年当時、あるテレビ番組で愛媛県今治市の「焼き鳥」が取り上げられた際、同市の人口一万人あたりのやきとり店数が紹介されたが、それを見た室蘭市民が、室蘭のやきとり屋の数のほうが多いのではないかと市役所に問い合わせ、市の広報課が実態を調査。その結果（二〇〇〇年当時、人口一万人あたり六・四店）を含めた「室蘭やきとり」のあれこれについて『広報むろらん』二〇〇〇年一一月号に発表した。それ以後、マスコミに取り上げられるようになり、室蘭は「やきとりの街」として知られていった。

みそ焼きうどん

三重県の亀山市は、江戸時代、現在の市の中心部が東海道の宿場町（亀山宿）として栄えたほか、第二次世界大戦後も、国道一号線、名阪国道、東名阪自動車道、伊勢自動車道、新名阪道路が市域を通る交通の要衝としての性格を有してきた。

このうち、とくに国道一号線の存在が、独特のヴァナキュラー食を生み出した。私のゼミの学生がこのことをテーマに卒業論文『みそ焼きうどんとモーレッ紅茶――トラック運転手が生み出した国道一号線亀山周辺の食文化』（藤本祐也著、二〇一四年度関西学院大学島村恭則研究室卒業論文）を執筆している。以下では、同論文の内容をもとに亀山のヴァナキュラー食について紹介しよう。

一九五二（昭和二七）年、旧東海道に相当する道路が国道一号線として指定され、道路整備が進められた。そして供用が開始される一九五九（昭和三四）年前後から、沿道にはドライバー相手の食堂やドライブインが次々と開業した。一九五八年に「亀山食堂」、六一年に「亀八食堂」、六三年に「亀とん食堂」「うえだ食堂」「ドライブイン安全」がそれぞれ創業している。

一九九五年に国道一号線の亀山バイパスが開通し、交通の流れが変わるまで、これらの店の客には長距離トラックのドライバーが多かった。やって来たトラックは青森から鹿児島まで全国各地に及ぶが、とくに大阪、静岡の運転手の利用が多かったという。

多くの運転手は、前日もしくは当日の朝から運転し続けて亀山に到着する。そして食堂やドライブインで食事をとった後、昼間の渋滞を避けるために、駐車場で五〜六時間の仮眠をとる。そして二二時頃に再び目的地に向けて出発していった。携帯電話のアラームが普及する以前は、食堂内の黒板に各ドライバーの車番と起床時刻を記入しておき、それに従って店の人が運転手を起こしていた。

携帯電話の普及以前、ドライバーたちは、同僚やほかの運送会社のドライバーとCB無線（第3章参照）で連絡を取り合って集団で入店することが多かった。この場合、どの食堂を利用するかは、仲間ごとに決まっていることが多く、週に二度、三度と訪れた。

昭和の頃は、法律による規制が緩かったので、飲酒運転や路肩への違法駐車等は日常茶飯事であり、またドライバー同士の喧嘩もしばしば起きていた。彼らの喧嘩には、「必ず店の外で行う」「瓶や椅子などの物や道具は使わず、拳《こぶし》で勝負をつける」といった暗黙のルールがあった。

ドライバーたちは、食堂で、スタミナのつく「味噌だれで焼いたホルモン」をよく注文していたが、いつしかこのホルモン焼きにうどん玉を追加で投入することがはやりはじめた[*8]。

ある食堂で店員が賄い用としてホルモンにうどんを入れたところ、ホルモンの旨みをうどんがちょうどよく閉じ込めてたいへんおいしかった。そこで、客にもホルモン焼きの追加メニューとしてうどん玉を提供するようになった。これがドライバーたちの評判となり、彼らは行く先々の店でうどん玉を欲しがった。その結果、多くの店が追加用のうどん玉を用意するようになった。そして、この現象は亀山だけでなく、三重・滋賀両県の国道一号線沿いの食堂にまで広がっていったという。

ところで、二〇〇〇年代以降、亀山では「B級グルメ　亀山みそ焼きうどん」によるまちおこしプロジェクトが展開されているが、この「亀山みそ焼きうどん」は、右に見た「味噌だれで焼いたホルモンに追加投入するうどん」にヒントを得て、新たに創作された料理である。

二〇〇八年、市民と行政の協働で地域活性化に取り組む活動を行っていた市役所職員のA氏が、当時、B級グルメ「富士宮焼きそば」によるまちおこしを成功させていた静岡県富士宮市を参考に、亀山でもB級グルメによるまちおこしを行おうと声を上げた。これに賛同した同じく市役所職員のB氏が「味噌だれで焼いたホルモンに追加投入するうどん」を「亀山みそ焼きうどん」として広めることを提案する。

早速、有志が集まって「亀山みそ焼きうどん」の試作が開始された。味噌だれは、亀八食堂のものを再現することをめざし、研究が重ねられた。その結果、桑名の赤味噌の中に焼肉のタレ、豆板醬《トウバンジャン》、日本酒、ラードを加え、二、三日熟成させると亀八食堂の味噌ダレの味に近づくことがわかった。

味噌ダレが完成したので、亀山市で開催されたアートイベントや農協祭などにブースを出し、「亀山みそ焼きうどん」の販売を開始した。

一年後、「亀山みそ焼きうどん〝B級グルメ仕掛け活動の会〟」（B活の会）が結成された。この会では、亀山市内の飲食店に「亀山みそ焼きうどん」をメニューに加えてくれるよう交渉を行った。その結果、二〇〇九年夏以降、市内の飲食店約一〇店で「亀山みそ焼きうどん」がメニューに加えられることになった。

ところで、ここで次の点に注意しておきたい。「亀山みそ焼きうどん」は、最初からホルモン・豚肉とうどんが絡まった状態で客に提供される料理であるのに対し、トラックドライバー相手の昔からの食堂では、ホルモンを焼いた後に追加でうどん玉を投入するという食べ方が今日まで一貫して行われてきている。そして、後者の方式でうどんを出している店では、この食べ方を「亀山みそ焼きうどん」と呼んだことはこれまで一度もない。後者は、前者が創出される母体となった食べ方だが、両者は同じ料理ではないのである。

二〇〇九年、B活の会では、いわゆる「B-1グランプリ」への出場を視野に入れはじめる。同年夏には、B級グルメによる地域活性化の先行地である岡山県津山市（「津山ホルモン焼きうどん」）の視察を行い、グループ名も「B活の会」から「亀山みそ焼きうどん本舗」に変更した。またマスコットキャラクターの「かめみちゃん」を誕生させ、亀山市出身のシンガーソングライターである「みきこ。」氏に依頼して「亀山みそ焼きうどんソング」もつくった。

こうした準備を経て、「亀山みそ焼きうどん本舗」は県内各地のイベントに出店、マスコミにも取り上げられるようになった。そして二〇一一年、「B-1グランプリ」の出場資格を獲得。「二〇一一中日本・東海B－1グランプリin豊川」でゴールドグランプリを獲得したのを皮切りに、「第七回B－1グランプリin姫路」（二〇一一年）、「第7回B－1グランプリin北九州」（二〇一二年）、「第八回B－1グランプリin豊川」（二〇一三年）というように全国区のB－1グランプリに参加するようになった。

現在、亀山市内の約三〇軒の飲食店で「亀山みそ焼きうどん」が提供され、またスーパー等でも「亀山みそ焼きうどん」が商品として販売されている。

モーレツ紅茶

ところで、亀山市にはもう一つ、注目すべきヴァナキュラー食がある。国道一号線が生み出した「モーレツ紅茶」だ。引き続き、右に引用した卒業論文に拠りながら記述していこう。

旧国道一号線沿いに「オレンジペコー」という喫茶店がある。ここの名物メニューに「モーレツ紅茶」というものがある。色が黒っぽい濃厚な紅茶だ。「ねむけをさます モーレツ紅茶 亀山特産紅茶」と書かれたカップに入れられて出てくる。

国道沿いの喫茶店。なぜ紅茶、しかも「モーレツ」なのか？

亀山一帯は、江戸時代から茶の産地として知られてきた。現在でも緑茶が多く生産されているが、第二次世界大戦後、紅茶生産でも日本有数の産地となった。

キーパーソンは、亀山出身で、植民地時代の台湾で紅茶生産に携わり、工場長も経験した川戸勉氏である。一九四九（昭和二四）年、川戸氏は亀山に帰郷し、この地で紅茶生産を開始した。三井農林と日東紅茶の共同出資によって川戸経営工場が建てられ、川戸氏はここで紅茶用茶品種の改良に取り組んだ。

一九五一（昭和二六）年、川戸氏が改良した品種が全国茶品評会で二等に入賞し、またロンドンの市場に製品見本を送ったところ高く評価された。これを受けて三重県からは苗木代の補助が出るようになり、亀山周辺で川戸氏が改良した品種の栽培が急速に普及していった。そして、一九五三年、農林省の「茶農林１号」に登録されるとともに、「べにほまれ」という名称がつけられた。

「べにほまれ」を生み出した川戸氏は、その後、一九六八（昭和四三）年に、ドライブイン安全（現、ドライブインあんぜん文化村）の中に喫茶コーナーを出店した。ここで出される紅茶は、濃厚で、カフェインも多く、ドライバーたちの眠気覚ましにちょうどよいため、彼らの評判になり、いつしかこの紅茶は、「モーレツに眠気を覚ます紅茶」という意味で、「モーレツ紅茶」と呼ばれるようになった。

「モーレツ」とは、一九六九年の流行語で、ガソリンのテレビ・コマーシャルの中で女優・歌手の小川ローザが発した言葉である。疾走する自動車が起こす風でスカートがめくれ上がるときに「Oh！ モーレツ」と叫んだのだ。

一九七六（昭和五一）年、川戸氏は、現在地で喫茶店「オレンジペコー」を創業した。オレンジペコーも、ドライブイン同様、トラックドライバーの利用が多かった。もちろん、「モーレツ紅茶」は主要メニューとなった。

また、その後、この店では「スタミナ紅茶」や「ブランデー紅茶」と呼ばれるものも出すようになった。「スタミナ紅茶」は紅茶の中に「蜂蜜レモン」を入れたもの、「ブランデー紅茶」は紅茶にブランテーを入れたものである（ただし、後者は飲酒運転取り締まりが強化された二〇〇〇年頃にメニューから外した）。また、「べにほまれ」の茶葉も店頭で販売されている。


以上、ヴァナキュラーな食の世界の一端を眺めてきた。

人は、それぞれ自らが置かれた時代、地域、社会の現実の中で生きている。ヴァナキュラーな食は、そうした現実の中から生まれたものであって、マーケティングや商品開発によって生まれたものではない。

もっとも、そのようなヴァナキュラーな食も、やがて商品化されたり、地域活性化の切り札となっていったりすることが少なくない。「B級グルメ」化は、そうしたことの典型例だ。

だが、繰り返すが、ヴァナキュラーな食そのものは、マーケティングや商品開発以前のところで生み出されているのである。[*9]

【コラム②】なぜ大晦日の夜に「おせち料理」を食べるのか？

ある年の年末、ゼミの時間に「正月行事」について話題にしていたところ、北海道出身の学生が「うちでは大晦日《おおみそか》の夜におせち料理を食べる」と発言した。参加していたゼミ生たちは、みな「なんで？」と不思議そうにしていたが、実は、北海道や東北地方の一部などでは、大晦日におせち料理を食べるのは、ごくふつうのことなのである。

なぜ、大晦日のうちにおせち料理を食べてしまうのか？　これは、「一日のはじまりがいつか」と関係がある。つまり、「いつまでが大晦日で、いつからが元日か」と関係があるということである。

現代の日本では、一日のはじまりは午前〇時である。そして、この区切り方は、古代の日本が中国の暦制を導入して以来、一貫して用いられてきた。ただ、同時に、一日のはじまりを別のところに置く考え方も広く存在してきた。

江戸時代、①子《ね》の刻（午前〇時）で日付が変わる公式の暦制とは別に、民間には、②「一日のはじまりを日の出とする」、つまり「日の出から次の日の出までを一日とする」考え方が存在した。そしてさらにもう一つ、③「一日のはじまりを日没とする」、つまり「日没から日没までを一日とする」考え方も存在していたのである。

このうち、③は、民俗学が主に明らかにしてきた。現代語でいう「昨夜」のことを『今昔物語集』（平安時代末期）などの古典文献では「今夜」と記している事例がかなりあること、現代方言の中にも、現代の共通語でいう「一昨夜」を「きのうの晩」と呼んでいる例が見られること、さらには、日本との直接的関連はないものの、中東発祥のイスラム教、ユダヤ教、キリスト教の暦法など、世界には「一日のはじまりを日没とする」事例が存在すること、などから③の存在を浮かび上がらせた。そして、③の考え方は、中国の暦制（一日のはじまりを午前〇時とする）が導入される以前に、日本社会で共有されていた時間知識で、それが暦制輸入後も民間には残存し、近代に入ってもとくに地方ではその生命力がなお保たれているのだと考察したのである（南方熊楠「往古通用日のはじめ」『南方熊楠全集』四、平凡社、一九七二年、平山敏治郎『歳時習俗考』法政大学出版局、一九八四年）。

ここまでくると、「大晦日の夜のおせち料理」の謎が解けてくる。現代の暦制、すなわち①の考え方では「大晦日の夜のおせち料理」であっても、③の考え方、すなわちヴァナキュラーな時間認識でいうならば、一二月三一日の日没を過ぎればもう一月一日、つまり元日なので、「元日の夜のおせち料理」ということになるのである。

現在、北海道（東北からの移民の子孫が多い）や東北地方の一部などで行われている「大晦日の夜（①による）のおせち料理」とは、日本列島で伝承されてきた古層の時間認識（③）を反映した正月行事の一齣《ひとこま》だったのである。

第６章　水の上で暮らす人びと

香港の水上レストラン

香港のアバディーン（英語地名。中国語による地名は「香港仔《ホンコンツァイ》」）には、巨大な水上海鮮レストランがある。派手なネオンの光る宮殿型の建造物が水の上に浮いていて、陸地から船を使って店に向かう。香港観光の定番コースに組み込まれているから、行かれたことのある方も多いのではないだろうか。

なぜこの場所に、水上レストランがあるのか？　それは、アバディーンが水上生活者の大規模な居住地区だったからである。

水上生活者とは、陸地に家を持たず、船を住戸として暮らす人たちのことだ。もともとは漁民だが、水上運送や水上での商売を生業にしたり、水上を移動せず専ら住戸としてのみ船を利用したりなど、多様な生活形態がある。

香港には、こうした水上生活者の居住地区がいくつもあったが、その最大のものがアバディーンだった。アバディーンは香港島の南側に位置する。鴨脷洲《おうりしゅう》という島との間の内湾が避風塘《ひふうとう》（台風のときの避難港。ちなみに、日本に「避風塘」という名の中華料理店がいくつかあるが、それはこの語に由来する）になっていて、水上生活者の船が係留されていた。その数は、一九六七年段階で一六三〇艘であった（可児弘明『香港の水上居民――中国社会史の断面』岩波書店、一九七〇年）。

水上レストランのルーツは、水上生活者たちが宴会をするときに使った「歌堂躉《ゴートンダン》」という船にある。この船は、一九二〇年代にはすでに存在したようだが、五〇年代になると、この船を水上レストランに仕立て直し、陸上からの客を招き入れるようになった。以来、香港名物の一つとなり、多くの観光客が訪れるようになって今日に至っている。

香港政府の政策により、アバディーンを含む香港各地の水上生活者は、いまでは船住まいをやめ、陸上のアパートで暮らすようになっているが、現在でも、中国の広東省、福建省、浙江省などの沿岸部、および内陸の河川・湖沼などには水上生活を送る人びとがいる。ところで、こうした水上生活者の存在は、中国だけの話ではない。実は、日本にも水上で暮らす人びとは多かった。そして、注意深く観察すると、いまでもその痕跡を見つけることができるのである。

家船の甲板での食事風景（西山夘三『日本のすまい』Ⅱより／ NPO 西山文庫）

本章では、「ヴァナキュラーとしての水上生活」の世界を見ていこう。

家船の暮らし

一九六〇年代に入る頃まで、日本にも船を住まいとする漁民がいた。長崎県ではエブネ（家船《えぶね》）、瀬戸内海ではフナズマイ（船住まい）、ウタセ、テグリモン（それぞれ打瀬網、手繰り網に由来）などと呼ばれていた。民俗学では、これらの人びとを総称して「家船」とか「漂海民」と呼んでいる（「家船」はもともと「船」のことをさすが、「家船」を住まいとする「人」のこともこの語で呼んでいる）。

彼らは家族で小さな船に乗り、沿岸を移動して漁をした。ただし、陸上との関係がまったくないわけではない。拠点となる船溜まりは決まっていて、獲った魚は漁師の妻がその拠点の背後地域で行商した。水や食料の調達、入浴も船溜まりの地で行い、死者が出た場合はそこに墓地を設けた（海上生活だからといって、水葬の習慣があったわけではない）。また正月や盆、祭礼のときには必ず拠点に帰ってきた。明治時代に学校教育が開始されてからは、子どもたちを陸上の学校に通わせるため、拠点地域ごとに学寮と呼ばれる寄宿舎が設けられた。

こうした拠点は、長崎県の旧大村藩域や旧平戸藩域、大分県の臼杵《うすき》市、広島県の尾道市、三原市、竹原市、呉市などにあった。瀬戸内海の場合、とくに三原市の能地《のうじ》が規模の大きな拠点で、ここから分村のようにして瀬戸内海、九州東岸の各地に小さな拠点が設けられていった。その数は一〇〇を超えるとされる。また、現在では定住型の漁村のように見える地域でも、もともとは家船の拠点だった場所がある。福岡県宗像《むなかた》市の鐘ケ崎がそれである。またそこからの移動先である長崎県の壱岐《いき》と対馬、石川県の輪島市などにもそうした漁村の存在が指摘されている。

漁法は地域によって異なった。長崎県の場合、潜水によってアワビを獲ったり、ヤスで魚を突いたりすることが多かった。広島県の場合は、拠点ごとに異なっていて、小規模な網漁を行うところ（三原市能地）、延縄《はえ》漁（幹縄に垂らした枝縄に針を付けて魚を釣る）を行うところ（竹原市二窓《ふたまど》）、延縄漁とともに一本釣りも行うところ（尾道市吉和《よしわ》）などがあった。

家船の歴史的起源は明らかではない。一部は古代の海人族や中世の海賊の末裔の可能性もあるが、それぞれの時代に、さまざまな事情で海上生活に転じた人びともいたと考えられる。第二次世界大戦後の尾道市では、引揚者や軍需産業の終焉による失業者らが新たに家船になっている（篠崎道雄「瀬戸内海における家船のはなし」『漁村』一八‐一二、一九五二年）。なお、能地の家船は、紀州雑賀崎《さいかざき》の漁民が中世に移動してきたものという説も唱えられている（河岡武春『海の民――漁村の歴史と民俗』平凡社、一九八七年）。

行商船と運搬船

家船の中には、行商船を行う者もあった。農作物や陶器、下駄などをあちこちに売り歩くのである。また明治期以降、帆船や機帆船（動力付きの帆船）を手に入れ、石材や石炭、鋼材などの運搬業に転じる者も少なくなかった。とくに大分県臼杵市の津留《つる》の家船は、筑豊炭田からの石炭積み出し港である若松港《わかまつ》から大阪までの石炭輸送に転じ、一九六〇年代に石炭の時代が終わった後も、海運業に活路を見出したことが知られている。

民俗学者の厚香苗《あつかなえ》は、津留の盆踊りで歌われる口説き（音頭取りが歌う盆踊り歌のこと）の歌詞を採集しているが、それにはこうした経緯が次のように歌い込まれている。

（前略）塩の干し物、コンブにワカメ、時にはせとものチャワンや湯のみ、船に満載積み込んで、臼杵川風《あらせ》満帆に受けて、四国や国東《くにさき》われ先船出、ハンボ（頭上運搬に用いる桶——引用者注）をかんげて村々回る、その度ごとに舞い込む宝によいしれ頃に、時代も変わり昭和となりて、そのゼニ元で帆船造り、多きし時には五〇数艘、村の半数は船主ごだる（中略）、七福神のお加護受け、機帆船稼業の時代に移る、小さい船でも百トンで大きな船は三百トン、中学出れば我先に、船に乗り込み船方稼業、積荷は津久見のセメント、石灰、船に満載積み込んで、ポンポン、ポンと焼玉エンジンかろやかに、一日かけての行き先は筑前八幡《やはた》の鉄の町、製鉄所で積荷に揚げ、荷物揚がれば若松港は新桟橋、ここで積み込む黒ダイヤ、東部、中部、西部と回り、三ケ日かけて貨車切り積み込む筑豊炭、時にはゴンドウの積み込み受けて、満船なったか、船出は良いか、待てよ関門、潮時良いか、良ければ出そうか、瀬戸内向けて、瀬戸の島々右左、視界ひらけた播磨灘《はりまなだ》、二夜三日走りし走り、着いた所は大坂《（ママ）》港、安治《あじ》川下《しも》の天保山、筑豊からのお嫁いり、黒ぐろ光る筑豊炭、積荷揚げれば木津川と、下り荷物の銅犀《どうさい》積んで、船は西向け船出する、丸亀港で一休み、サアー参《まい》ろうか、金毘羅さまへ、航海安全皆で祈り、讃岐ウドンのミヤゲこうて、佐賀ノ関へと帰路急ぐ、追い風追い波まともに受けて、周防灘《すおうなだ》の姫島を、右手に眺めて関崎へ、やっとついたか精錬所、積荷揚がればサアー帰ろう、臼杵港は下《さが》り松、テンマ船おろし、親や子が待

つ我が家へと、櫓、かい漕いで家路へ急ぐ（後略）

（厚香苗「先祖に口説く村の歴史——大分県臼杵市諏訪津留の叙事歌謡」『民俗文化の探究』谷口貢・鈴木明子編、岩田書院、二〇一〇年）

家船漁民から近代的な海運業へと生業を転換させてきた津留の歴史が見事に歌い込まれた歌詞である。

なお、津留の場合、ここに出てくる石炭運搬に加えて、大阪港や神戸港で艀《はしけ》（港湾内や内海、河川で貨物を運ぶ船）の船頭となる者も多かった。艀については後述する。

家船の陸上がり

一九六〇年代以降、各地の家船は、行政からの働きかけもあり、水上生活に終止符を打って、陸上で暮らすようになった。陸上《おかあ》がり先は、家船時代の拠点の地である。このうち尾道市では、一九六四年から四年間かけて第二種公営住宅として鉄筋五階建ての「漁民アパート」四棟（六畳・四畳半の2K型、合計一〇八戸）が建てられ、家船の人たちが入居した（西山夘三『日本のすまい』Ⅱ、私家版、刊行年未記載。なお、その後、同アパートは使命を終え、二〇〇八年に取り壊された）。

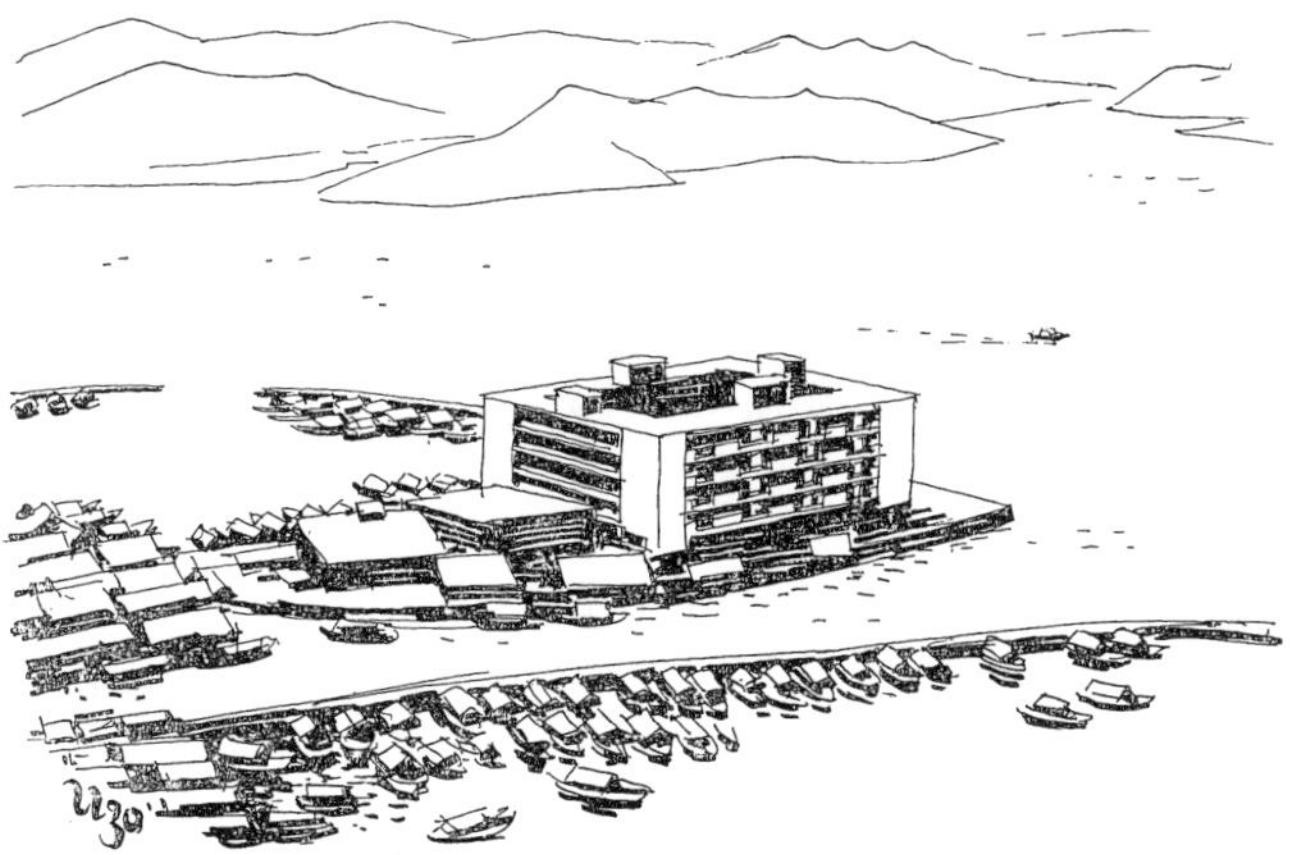

漁民アパート（尾道市。西山夘三『日本のすまい』IIより／NPO 西山文庫）

陸上がり後も元家船の人たちは漁業に従事することが多かったが、長期の船出の場合は、必然的に船の中で寝泊まりすることになった。たとえば広島県豊島《とよしま》の場合、陸に家を持ちながらも、衛星利用測位システム、レーダー、魚群探知機などの先端テクノロジーを導入した最新式の船に夫婦が乗り込み、愛媛、山口、大分、宮崎、福岡、長崎、石川、静岡の各県を出漁先とする生活を送っている漁民が多くいる（金柄徹『家船の民族誌――現代日本に生きる海の民』東京大学出版会、二〇〇三年）。

艀乗りからバスの運転手へ

現在では、ほとんど見られなくなっているが、かつて大阪や神戸、東京、横浜をはじめとする大きな港には、たくさんの艀が行き来していた。一九七〇年代にコンテナの導入とともに港湾が整備され、大

停泊中の艀（神戸港、1964年。朝日新聞社提供）

型船を直接埠頭《ふとう》に接岸させてコンテナの上げ下ろしができるようになるまでは、海上に停泊する本船と陸上との間の貨物運搬に広く用いられた。

艀にはエンジンは付いておらず、タグボートによって曳航《えいこう》される。エンジンが付いていなくても操船は必要なので、艀には必ず船頭が乗っていた。船頭は妻や子どもなど家族とともに艀に住んでいた。つまり彼らは水上生活をしていたのである。ただし、学齢期の子どもだけは、艀家庭の子どもたちのために設けられた寮に寝泊まりして学校に通った。*1彼らが家（艀）に帰るのは週末だけであった。

いまから一〇年ほど前のことだが、大学の講義で艀のことを話題にしたとき、ある学生が「私の祖父は艀に住んでいたことがあるそうです」とリアクションペーパーに書いてきた。私は、これは願ってもないチャンスだと思い、早速その学生に頼んで彼の祖父から聞き取りをさせてもらうことにした。以下に紹介する。

Nさん（大阪府堺市在住）は、一九三九年に岡山県笠岡諸島の白石島《しらいしじま》で生まれた。中学校を卒業してから三年間は島で父の漁業を手伝った。一八歳のとき、大阪で艀の船頭をしている姉夫婦のもとに身を寄せ、艀で働きはじめた。大阪港には、白石島出身の艀船頭がたくさんいた。多くは回漕業者（港湾運送業者）から艀を借りて乗っていたが、中には自前で艀を所有する人もいた。姉夫婦が回漕業者に雇われて乗り込んでいた艀は、北海道から大阪に運ばれてくる新聞印刷用紙を、本船から陸まで運ぶのを主な仕事としていた。陸揚げされた印刷用紙はT運輸のトラックが各新聞社の工場へ運んでいった。

Nさんは艀の仕事を八か月続けた後、大型自動車免許を取得してT運輸に転職し、陸上のアパートで暮らすようになった。艀に乗っていた人たちで、トラック運転手になった人は多い。一九歳から二五歳までトラック運転手をした。二二歳のとき、家族の紹介で同じ島出身の女性と結婚し、港区（大阪市）に住んだ。ここには、白石島をはじめとする瀬戸内海出身の人がたくさん暮らしていた。たとえば、区内の八幡屋《やはたや》商店街に行くと、必ずと言ってよいほど白石島出身者と出会うことができた。みんな艀に暮らすか、艀から陸上がりした人たちだった。

二五歳のとき、島出身の先輩で、同じT運輸から大阪市営バスの運転手になった人に誘われ、大阪市交通局の採用試験を受けた。たまたまその試験の二か月前に大型二種免許を取得していたのでちょうどよかった。試験の競争率は高かったが合格し、運転手として採用された。

バスには二〇年間乗った。最初の頃は地下鉄の開通前でバスの台数も多かった。運転手を二〇年やった後は営業所の運輸助役となり、六〇歳で定年後は交通局ＯＢがつくった会社に再就職して営業所管理の仕事をし、七一歳で完全に引退した。

白石島出身の艀乗りがトラックの運転手になり、そのあと市バスの運転手になるというパターンは以前からかなりあった。市バスの運転手の給料は、トラック運転手の給料の半分くらいにしかならないが、公務員として定年まで安定して働けるので、なりたがる人が多かった。逆に、安定を求めない場合、運転手から身を起こし、独立して運送業をはじめる人もいた。

白石島出身の女性にも大阪市交通局へのルートがあった。バスの車掌である。当時は、縁故採用のような慣習があり、瀬戸内海の島出身の女性が中学卒業後に市バスの車掌に採用されることが多かった。

交通局と瀬戸内海の島出身者との深いつながりは、この聞き取り以外の資料でも確認できる。民俗学者の田野登は、大阪湾に流れ込む尻無川《しりなし》の渡船[*2]の船頭から、この船頭が広島県福山市内海町内浦という漁村の出身であること、同じ村から大阪に出てきて渡船の船長や市電の運転手になる者が多かったことを聞き出している（田野登『水都大阪の民俗誌』和泉書院、二〇〇七年）。

かき船

冬は牡蠣《かき》料理の季節だが、現在、日本国内に五か所、船上で牡蠣料理を提供している店

かき船（岡山市、昭和初期。垣下章氏提供）

がある。これを「かき船」と呼ぶ。かき船の歴史は、一七世紀後半に広島の草津村（現在の広島市西区草津地区）の漁民が、養殖した牡蠣を船に乗せ、大坂に運んで売ったのがはじまりで、その後、仁保島村（現在の広島市南区仁保《にほ》地区）や矢野村（現在の広島市安芸区矢野地区）の牡蠣養殖漁民がこれに加わった。当初は生牡蠣の販売だけを行っていたが、一九世紀に入ると船上で牡蠣料理を供するようになり、また大坂以外に京都や堺などでも営業するようになった。一九世紀半ばの記録では、大坂で三五艘のかき船が営業していたことが明らかになっている。かき船は近代以降も活況を呈し、毎年秋から冬にかけて、西日本各地に広島からかき船がやって来て季節営業を行っていた。

私は、このかき船に興味を持ち、二〇一三年に福武《ふくたけ》財団（ベネッセ系の公益財団法人）から「瀬戸内海文化研究・活動支援助成」という研究費助成を受けて調査・研究を行ったことがある。ベネッセは、岡山で創業した教育系の企業で、瀬戸内海地域の文化振興に力を入れている。「かき船」が瀬戸内海の文化遺産であるという認識から、この研究が助成対象となったのである。

私のかき船研究は、現存する五か所のかき船の事例と、もともとかき船だったものが陸上がりして地上のかき料理店などとして再出発した事例について、現地調査にもとづく実態把握をするというものであった。以下、その調査成果の概要を紹介してみよう。

二〇一三年段階で、河川や堀で船を係留、もしくは固定して営業を行っているかき船は、広島県の広島市に二か所、呉市に一か所、大阪市に一か所、長野県松本市に一か所の合計五か所である（以下、本文では、すべて二〇一三年の状況を記述し、その後の変化については注で言及する）。

広島市の元安川には、平和大橋の下流に「かき船かなわ」と「かき舟ひろしま」という二艘のかき船が係留されている。「かき船かなわ」は、もともと一八六二（文久二）年創業の牡蠣養殖業者である。長らく仁保の海で養殖を行ってきたが、一九五八（昭和三三）年に広島県による日宇那《ひうな》湾埋め立て事業が実施され、養殖の継続が不可能となってしまった。かき船の創業はその代替事業として行われたものである。広島県の認可を得て、一九

「かき船かなわ」（広島市中区）

六二年から元安川上で営業している。[*3]

「かき舟ひろしま」は、一九五三（昭和二八）年に、広島駅に近い猿猴《えんこう》橋付近の猿猴川上で創業した。創業者の松岡俊暁《としあき》氏は、敗戦前は市内で呉服商を営んでいたが、戦後、廃船になった軍用船を購入、改造してかき船をはじめた。戦後復興期、かき船は繁盛し、毎日芸妓が出入りしてたいへんにぎやかだった。しかしその後、広島駅前の区画整理事業がはじまって、かき船は移転しなければならなくなった。その際、県によって斡旋された移転先が、元安川の現在地であった。現在の船は、このときに新造したものである。

船は二階建てで、一階に調理場があり、二階には個室の客室四室と大広間、帳場、玄関がある。また玄関のすぐ横には被爆樹でつくられた観音像が祀られている。女将《おかみ》によると、この観音像は二〇〇六年から祀っているもので、元安川は原爆で多くの人が命を失った川であり、この人びとの鎮魂と、ここで営業させてもらっていることへの感謝の思いから祀りはじめたという。

呉市の堺川に浮かぶ「居酒屋かき舟」は、一九一〇（明治四三）年に建造され、「かき龍」という名で知られていたかき船を、現在のオーナーである小田卓雄氏が一九七四（昭和四九）年に購入して営業を開始したものである。小田氏が四代目のオーナーとなる。小田氏によると、大正から昭和初期にかけて、堺川には三艘のかき船が浮かんでおり、この船もそのうちの一つだった。一九八七（昭和六二）年、小田氏は船の下部の老朽化が激しいことから、屋形の部分を残し、下部を新しい船に交換した。

長野県松本市の「かき船」は、松本城の堀の中にある。松本にかき船が登場した経緯は次のとおりである。

一九一二（大正元）年、広島の矢野出身の松本松吉氏が金沢市の犀川でかき船を創業、次いで一九一五（大正四）年には同市の浅野川でもかき船の営業をはじめた。この松吉氏の跡取りが、松本のかき船の創業者、松本秋司氏である。

松本氏は、新たなかき船の出店先を探していたが、山国でカキを食べさせる店を出そうと考え、松本城の堀に船を浮かべることにした。松本進出にあたっては、金沢の店の得意客であった松本の有力者の協力を仰いだ。

船は、矢野で新造した。完成直後にいったん解体し、鉄道で部材を運んで松本で再び組み立てた。こうして、一九三三（昭和八）年に松本で「かき船」が創業した。開店すると、店の形態と牡蠣料理が珍しがられ、大いに繁盛した。その後、何度かの船の補修を経て、現在も創業当時と同じ場所でかき船の営業が行われている（松本孝子「かき船の沿革」『松本市史研究』二二、二〇一一年）。

大阪市の土佐堀川の上、淀屋橋の南詰めで営業しているのは「かき広」である。「広島出身者」が一九二〇（大正九）年に創業した。江戸時代以来、大阪の街には堀が縦横にめぐらされ、荷物や人を運ぶ船が行き来していた。堀の大部分は第二次世界大戦後に埋められてしまったが、それまでは市中の堀のあちこちでかき船が商売をしていた。「かき広」は最後に残った大阪のかき船である。

かき船の陸上がり

現在、水上で営業しているかき船は以上の五つだが、日本各地に、かつてのかき船が陸上に移転して、牡蠣料理店などとして営業を続けている事例が存在する。

兵庫県高砂市の「かき幸」は、矢野出身の初代が一九二〇（大正九）年に高砂の堀川港にかき船を係留して創業した。敗戦の二、三年後に一度矢野に引き揚げたが、一九六二

（昭和三七）年に現在地で陸上の牡蠣料理店として再開し、いまに至っている。

阪神・淡路大震災（一九九五年）で被災するまで神戸市中央区中山手にあった「かき十」は、一八七三（明治六）年に矢野出身者が兵庫運河（神戸市兵庫区）の入江橋のたもとに係留したかき船から出発している。大正年間に船から近くの陸に上がり、さらに戦後、中山手に移転して営業していた。

兵庫県尼崎市の「かき金」も、矢野出身者が尼崎市の庄下川《しょうげがわ》（西大手橋付近）に明治末期に係留したかき船を起源とする。一九四一（昭和一六）年に船を手放すが、戦後、一九五四（昭和二九）年に阪神電車の高架下の陸上店舗で営業を再開。二〇〇四年に阪神尼崎駅前の現在地に移転した。

兵庫県豊岡市の「かき船」は、矢野出身者が、矢野に髱《かもじ》（日本髪を結う際の添え髪のこと。矢野の地場産業だった）の買い付けに来た豊岡の商人と知り合いになり、その人の紹介で大正年間に豊岡の旧円山川（現在は廃川）でかき船を創業したのにはじまる。円山川付け替え工事を機に一九三六（昭和一一）年に陸上がりし、以後、現在地で牡蠣料理店「かき船」を経営している。

鳥取県米子市の「かき船」は、もともと広島（詳しい場所は不明）から来て加茂川に係留していたかき船を、料理屋をやっていた地元の福寿屋が昭和戦前期に買い取って継承し、その後一九四九（昭和二四）年に現在地へ陸上がりしたものである。

岡山市北区の苫田《とまだ》温泉にある旅館「泉水」は、矢野出身の初代が、元広島藩主・侯爵浅野長勲《ながこと》の命により「平和記念東京博覧会」（一九二二年）にかき船を出し（不忍池に船を浮かべた）、博覧会終了後、浅野の斡旋で岡山市の西川でかき船「西川かき舟」を創業（一九二五年）したことを起源とする。戦時中にかき船が接収され、戦後は、陸上での料亭経営を経て、一九五五（昭和三〇）年から現在地で旅館経営を行っている。「泉水」では、二〇一三年、創業八八年を記念して、「西川かき舟」当時の牡蠣料理を復元し、メニューに加えた。

岡山県倉敷市の高級旅館「旅館くらしき」は、もともと「かき増」というかき船から出発している。最初、矢野出身者が一八九七（明治三〇）年に倉敷川の水上で創業し、その後、一九四四（昭和一九）年に陸上がりして旅館に転業した。

以上の事例に対して、次の三例は、船からの陸上がりではないが、「かき船」を意識しながら創業した事例として興味深い。

兵庫県加古川市の「かき庄」は、JR加古川駅付近を流れる用水路の上にかき船を模した屋形を設《しつら》えて営業している。一九二六（大正一五）年に矢野出身の初代が創業したもので、船そのものではないが、「模擬かき船」の形態をとっており注目させられる。

大阪府池田市には「かき峰」（一九二四年創業）がある。創業者の峰本福次郎氏（広島県倉橋町出身）は、矢野で船大工をしていたが、かき船を開業しようと池田の地へやって来た。最初、近くを流れる猪名川《いな》にかき船を浮かべようとしたが行政の許可が得られず、船の部材を使って阪急電鉄の池田駅前に「かき峰」を構えた。その後、一九八四（昭和五九）年にビルに建て替えて現在に至る。

新潟市中央区の花街「古町」にある高級料亭「かき正」は、矢野出身の橋本忠人氏が、兵庫県の明石で兄が経営するかき船を手伝ったのち、一九二九（昭和四）年に新潟へ来て創業した。新潟では最初から陸上での営業であった。橋本氏は高浜虚子に師事した俳人でもあり、「かき正」を文化人の集う新潟有数の料亭に育て上げた。『櫻鯛』『海百句』という句集も刊行しており、そこには新潟の地で瀬戸内海を思って詠んだ句が多く収められている。

ところで、高級料亭「吉兆」の創業者で、日本を代表する料理人の一人だった湯木貞一《ゆきていいち》も、かき船と関わりがある。以下、末廣幸代『吉兆　湯木貞一――料理の道』（吉川弘文館、二〇一〇年）に拠りながら説明しよう。

湯木家のルーツは、矢野である。湯木家は、江戸時代、矢野で回船問屋を営んでいた。貞一の祖父、辰平は「明治維新の際に下級武士の家から養子に迎えられたが、仕事が思わしくなく、農閑期の十月頃に船に牡蠣と野菜や広島菜の漬物などを積んで兵庫まで運び、牡蠣船の仕事をしていた」。そして貞一の父、吾一は、この牡蠣船の仕事を手伝っていたが、「船で寝起きする毎日と季節や天候に左右される不安定な生活を好ま」ず、「陸の上での落ち着いた仕事が良いと考えて、十三歳で神戸の元町で本現長という鶏鍋料理の店を営んでいた叔母夫婦を頼って料理修業を始めた」。そして東京で鰻料理の修業も重ねた後、一八九五（明治二八）年、「二十三歳で神戸花隈の地で鶏と鰻と川魚を専門とする料理屋中現長を開業した」。

その六年後、一九〇一（明治三四）年に吾一の長男として神戸で生まれたのが貞一である。料理屋の跡取り息子として生まれた貞一は、一六歳で料理の修業に入り、のちに天才料理人湯木貞一となったが、彼を生み出した湯木家には、かき船とそこからの陸上がりの歴史があったのである。

ロンドンの運河と水上生活者

数年前、出張でロンドンに滞在していたとき、たまたま「ロンドン運河博物館（London Canal Museum）」という博物館があることを知り訪ねてみた。場所は、ユーロスターが発着するセント・パンクラス駅のすぐ近くである。この博物館は、ロンドンで最初にアイスクリームを商品化したカルロ・ガッティ（Carlo Gatti, 1817–78）という実業家が建てた氷の貯蔵庫を再利用したものである。博物館の目の前にリージェンツ運河があり、ノルウェーから北海、テムズ川、運河を通って運ばれてきた氷がこの貯蔵庫に搬入される仕組みになっていた。

運河博物館では、この貯蔵庫の歴史とイギリスの運河の歴史が展示されている。展示内容は、学術的根拠にもとづく実証的なもので、運河の歴史について次のような説明がなされている。[*4]

イギリスでは一八世紀後半から一九世紀にかけて、各地で運河が掘削された。その目的は、石炭や木材をはじめとする物資を船で運ぶためである。運河は、工費を安く抑えるために大陸のそれに比べて幅が狭く掘られ、これに合わせて船の幅も狭くつくられた。このためイギリスの運河を航行する船は、ナローボート（narrowboats）と呼ばれる。

初期のナローボートの動力は馬によるもので、運河沿いの側道を歩く馬がボートを牽引した。次いで、一九二〇年代にはエンジン付きのボートが登場したが、自走できないものも存在し続けた。そして、第二次世界大戦後には馬の代わりに小さなトラクターによる牽引も行われるようになった。

もともとナローボートにはボートマンと呼ばれる船頭だけが乗り、船頭の家族は陸上の家で暮らしていた。一九世紀後半に鉄道網が整備され、運河での輸送が圧迫されはじめると、生活を維持するために家族全員がボートで暮らすようになった。一八七〇年代にボートで暮らしていた者の数は、イギリス全土で四万人以上であった。船頭一家は、狭いボートの船室で窮屈な暮らしをしながら、どんな天候の日も家族全員で働いた。

一九四五年以降、物流が陸上のトラック輸送主体となり、ボートの仕事はなくなっていった。このためボートの住人たちは陸上がりするようになる。最終的には、一九六三年の大寒波の際に氷と雪でボートを動かすことができなくなったのを機に、ナローボートは姿を消すこととなった。


物流の役割を終えた運河には、ごみが投棄され、側道は荒れた。しかし、一九七〇年代に入ると、各地で運河再生の気運が高まった。地域コミュニティ活動の一環として側道の整備や運河の清掃が行われ、一九八〇年代に入ると、かつて船溜まりだった場所を水辺の公共空間として再開発する事業が行われるようになった。ロンドンのカムデン・タウンは、芸術家のアトリエや大きなマーケットがいくつもあることで知られているが、これらはリージェンツ運河の船溜まりにあった倉庫街の再開発によって出現したものである。

そうした中で、いったん姿を消していたナローボートを、レジャー用として復活させる動きも見られた。キッチン、トイレ、シャワーを完備したレジャーボートがつくられ、この船で休暇やリタイア後の人生を過ごす者が現れるようになったのである。イギリスを旅

ロンドンのナローボート（画家のアトリエとして使われている）

行していると運河や河川に小ぶりのカラフルな船が浮かんでいるのを見かけることが多いが、それがこの船である。

レジャー用のナローボートは、時速五キロ。操縦するのに免許や資格は不要である。個人でボートを所有している人もいるが、レンタル会社も多く存在し、ボートを借りて運河の旅を楽しめる。

また、ナローボートを住居やアトリエとして利用している人たちもいる。博物館見学の後、近くの船溜まりで出会ったファン・ゴメスさんは、南米コロンビア出身の画家である。アメリカ・ボストンでの生活を経て一七年前にロンドンへやって来た。ナローボートを二艘所有し、一つは住居、一つはアトリエとして使っている。

ロンドンの運河と水上生活は、新たなスタイルで再生し、定着しているのである。

第7章　宗教的ヴァナキュラー

本章では、宗教（人知を超えた存在、世界、現象についての信念や信仰）に関わるヴァナキュラーを取り上げる。民俗学では、祖先祭祀、村落祭祀、都市祭礼、巡礼、民間宗教者、修験道、仏教民俗、葬送儀礼、人生儀礼、年中行事、小祠、俗信、幽霊、妖怪、神話、伝説など、伝統的な宗教的ヴァナキュラーの研究が多く蓄積されている。こうした伝統的な宗教的ヴァナキュラーは、現代の人びとにも信じられ、実践されているが、同時に現在では、従来のものとは異なる「現代的」な事象もたくさん生まれている。ここでは、伝統的な宗教的ヴァナキュラーとの関わりも視野に入れつつ、「現代の宗教的ヴァナキュラー」について着目していく。

1　パワーストーンとパワースポット

パワーストーンを信じるか？

現代の宗教的ヴァナキュラーの特徴として、「パワーストーン」や「パワースポット」に見られるような「パワー」への関心や信仰を指摘できる。

パワーストーンとは、「石に超自然的な力が宿るとする考え方にもとづき、世界各地から専門業者によって仕入れられ、加工され、販売されている石」のことである。この場合、それぞれの石については、パワーストーンの専門家によってさまざまな由来や効能の説明が用意されている。消費者は、こうした説明を参考にしながら、ブレスレットやネックレスとして商品化されたこの石を店頭やネットショップで購入し、身につける。

しばらく前に、現代民俗学の授業の一環として、学生たちに「パワーストーン」についての体験談をレポートしてもらったところ、たちどころにたくさんの事例が集まった。そのいくつかを紹介してみよう。

①　私はパワーストーンやパワースポットと呼ばれるものが大好きで、中学生のときから「健康運ＵＰ」とか「恋愛運ＵＰ」などのパワーストーンのブレスレットをつけている。二度ほど紐がちぎれてしまい、縁起が悪いと思ってすぐに新しいものを買いに走った。店は、大きなデパートやショッピングセンターに行けば必ずある。

②　私の母はパワーストーンが好きでよく買っているのですが、私もその影響で自分の誕生石である水晶を買ったりします。何かパワーがあると思ったり、いいことがあると、この水晶のおかげだと思ったりしています。

③　中学生のとき、母がパワーストーンにはまっていた。私の体調が悪いときは緑系の色のブレスレット、落ちつきたいときは青系のブレスレットをつけてくれた。いま思うと石にそのような力が秘められているのか疑問だ。しかし当時は、不思議と元気になったような気がしていた。

④　私が小学生の頃に友人関係がうまくいっていなかったとき、母が友情運のパワーストーンのブレスレットを買ってきてくれました。それを身につけはじめてから友人関係がうまくいくようになったので、そのおかげかなと母と話しました。それ以来、常につけています。長くつけていると紐が切れたりしますが、それは自分に降りかかる災難を、身代わりになって受けてくれたからと信じています。

⑤　父がタイガーなんとかという石をとても大切にしています。父は、これがあればだいたいの難は乗り越えられるからと言って、よく兄や私に持たせようとします。つけてみたところ、実際にご利益があって驚いたのを覚えています。

⑥　私の母は、満月の日にパワーストーンのブレスレットを月光にあてて充電のようなことをしています。また、それだけではなく、ムーンパワーをもらうと言って、月光を浴びることもしています。

⑦　私は漠然と持っていた宗教心からパワーストーンの効能を信じていて、実際感じています（家族はパワーストーンの効能は信じていません）。パワーストーンはわざわざ聖地に行かなくてもパワーがもらえるのでお得です。森や川などの自然に近づくと七色に光ります。まさしく神聖さを帯びていると思います。

もちろん、中には、「パワーストーンとかパワースポットとかスピリチュアルとか、私はそんなもの信じたくないです！」とはっきり書いてくる学生や、「母がパワースポットやパワーストーンを信じない人で、かつ嫌っているので、私も石はきれいだなと思っても力があるとは思わないタイプです」という学生もいる。それとともに、右の記述を見ると、学生たちやその家族の間にパワーストーンが一定程度、浸透していることを読み取ることができる。

　パワーストーンは、もともとアメリカのニューエイジ（新しい神秘主義的運動）を起源とする宗教グッズとして、一九八〇年代に日本へ輸入されたものである。パワーストーンが日本に入って間もない一九九〇年代のはじめ頃、ちょうど私は大学院生で新宗教の研究をしており、宗教現象にアンテナを張っていたので、パワーストーンが日本のニューエイジ関係者を中心に受容されていくのを直接目にしていた。パワーストーン信奉者にインタビューしたこともある。

　パワーストーンに対する当時の私の印象は、ニューエイジ関係者だけがこれに関心を持っており、世の中に広く浸透しているわけではないというものであった。それに対して、二〇〇〇年代以降は、いわゆるスピリチュアル・ブーム（メディアを介して広がった精神的・霊的なものに対する一連の強い関心）の中で、特定の層を超えて広く世の中に受け入れられているといえそうである。

「パワーストーン」という物質と、それについての信念自体は海外から輸入されたものだが、石に超自然的な力を認める信仰は日本にも古くから存在していた。山梨県などに行くと、いまでも道端に丸い石の神様（民俗学では「丸石神」と呼んでいる）が祀られているのを目にすることができる。道祖神の一種であるが、石に神が宿ると考えられたところから、神として祀るようになったものである。こうした例は数多く、すでに明治時代の終わりに柳田國男は『石神問答』(一九一〇年)という本の中でこれを考察している。

また、パワーを帯びたものを身につけるのは、伝統的なお守りと同様である。お守りは、ただの物質ではない。神仏の前でお祓《はら》いや祈禱《きとう》といった儀礼をすませた上で授与されている。お守りのパワーは、儀礼によって付与されると信じられている。

こうして考えると、過去とのつながりがないように見えるパワーストーンにも、伝統的な宗教的ヴァナキュラーとの類似性を指摘できる。ただし、パワーストーンの普及にはメディアとマーケットの介在が強く見られ、またその受け止め方において個人による選択の幅が広い点が、伝統的な宗教的ヴァナキュラーとの大きな違いである。

個人的パワースポット

パワースポットとは、「何らかの超自然的な力が存在するとされる場所」のことである。これにも学生たちからの事例報告がある。いくつか紹介しよう。なお、以下の記述とは別に、「パワースポット」の観念を否定したり、懐疑的に見たりする学生ももちろんいる。

① 私の母は熊野本宮大社がパワースポットだと言って、何かあれば絶対に行っていま

す（家から遠いのですが……）。この前は弟が野球の試合に出られるようにお願いしに行っていました。その後、いままで試合にあまり出ていなかった弟がスタメン出場していたので、すごいと思いました。

② 奈良県の石上神宮《いそのかみ》は、行くとすごく心がすっきりするパワースポットです。でも、私の母は石上神宮に行くととても疲れてしまい、パワーが吸い取られると言っています。ある場所がパワースポットかどうかは人によって違うみたいです。

③ 神戸の生田神社の裏の森がパワースポットだと雑誌で読み、友人と行ったことがあります。いままでさんざん前を通ってきたところなのに妙に神聖に感じました。雑誌のマーケティングに影響されたプラシーボ効果の気もしますが、それでも何かパワーを感じてしまいます。

④ 私の家の近くには小さな神社があって、帰宅するときに自転車でいつもそばを通ります。そのとき、少しお辞儀をしたり、心の中でお祈りしたりすることがあります。また最近、妹もお辞儀していることを知り、驚きました。

⑤ 私にとって宗教的な場所は家の近くの神社です。その場所は小学生の頃、友達と山を探検していて見つけました。とても山奥にあって人はいないし、神社の名前も知りません。とても不気味ですが、何となく誰も知らない場所だから力をもらえそうなイ

メージがあるので、受験前や試合前にはそこに行ってお参りしています。

⑥ 私のパワースポットは近所の神社とわが家のお墓です。母に聞くと、その神社は、この地域を守っている神様だと言っていました。私も習い事の大会前や受験などの前と年始にはその神社にパワーをもらいに行きます。それから、お墓参りに行くと何かパワーをもらったような気がします。お墓は、心霊スポットや怖い場所として扱われがちですが、私はとても神秘的な場所だと思います。

⑦ 上神谷《にわだに》（大阪府堺市）というところが私の地元なのですが、そこに祖父の墓があります。そこは高台でまわりの山々を見下ろせるところです。私は、ときどきそこに行って一人で考え事をします。そうすると気持ちがスッキリする感じがします。祖父の墓が、私にとってのパワースポットになっています。

⑧ 僕は京都にある坂本龍馬の墓に行くとパワーをもらえる気になります。近くにはほかの幕末志士の墓もあって、幕末に日本を変えようと奔走した若者のエネルギーが自分にも乗り移る気がするからです。なので、しばしば足を運びます。しかし、行くたびになぜか翌週あたりに風邪をひきます。もう行かないほうがいいのだろうかと悩み中です。これは何か不思議な力のせいなのでしょうか？

⑨ 僕は野池を見るのが好きで、よくグーグルマップの航空写真で池を探して見に行き

ます。大抵は農業用の溜め池なのですが、まれに山奥に自然にできたであろう池があります。そこは人の入った様子がなく、まさに「もののけ姫」のような雰囲気で何か力をもらえるような気がします。ですが、長居すると恐怖に近い気持ちになります。人の立ち入らない山奥の池は、僕にとってのパワースポットです。

⑩ 私にとってのパワースポットは「関学の正門」です。仁川《にがわ》から坂を上るとき、関学会館の少し手前を右折すると、正門から入るより社会学部棟まで少し近道になるので右折する人はかなり多いですが、私は違います。正門から入って緑色の中芝ときれいな時計台を見ることで、何かすごいパワーをもらえる気がするからです。ふつうの大学の景色と違い、少し非現実的な空間だと感じています。

⑪ 私のパワースポットは近所の公園です。私は、疲れると徒歩一〇秒で着くことができる近所の公園に行き、ブランコに乗ります。神社のように崇拝されている場所ではありませんが、公園にも神がいるのではないかと思います。そして、ブランコに乗ると、心に抱えていた問題が少しずつ薄れていく気がします。この公園は、自分なりに考えることができて落ちつけるとともに、パワーをもらえる場所でもあります。

⑫ 私にとってのパワースポットは、家の前の水路です。水路の中をのぞいてみるとマイナスイオンというか、何か不思議な風が出ている気がします。落ちつきをもたらし

てくれるので、何かあったときにはこの水路をのぞき、いつもパワーをもらっています。

⑬　私にとってのパワースポットは仏壇です。毎日寝る前、そして何か大事なことがある前、必ず仏壇でお祈りをしています。神社などでするような丁寧なものではないですが、お願いや感謝を述べると心が軽くなる気がします。

⑭　私の家の和室に壺《つぼ》が飾られています。この壺がパワースポットです。何の壺なのか、まったく知りませんが、小さい頃から発表会の前にはよく合掌していました。いまでもときどきすることがあります。壺の中に神様みたいなものが宿っているのかなと勝手に思っています。

⑮　私の家の中でのパワースポットは、洗面所に入って数歩、洗濯機に向かったところです。幼い頃、そこに正座して洗濯機に向かい数回お祈りすると探し物が見つかったので、それ以来、自分の中のパワースポットになっています。

これらを見ると、学生たちは、何らかのきっかけで特定の場所に「パワー」を感じ、そこをパワースポットとして認識するようになっていることがわかる。その場所は、神社、墓、池、キャンパス、公園、水路、仏壇の前、和室に置かれた壺、洗濯機の前などさまざまでである。

「パワースポット」という考え方の普及過程は、さきに見たパワーストーンの場合とよく似ている。パワースポットをめぐる観念や実践は、一九八〇年代から見られたが、当時は、ニューエイジ関係者の間での浸透であった。それに対して、二〇〇〇年代に入ってからは、スピリチュアル・ブームの展開の中で、世の中に広がっていったのである（堀江宗正『ポップ・スピリチュアリティ——メディア化された宗教性』岩波書店、二〇一九年）。

もっとも、パワースポットについても、伝統的な宗教的ヴァナキュラーとの類似性を指摘できる。民俗学者の野本寛一《かんいち》は、文字どおり全国津々浦々を歩き回った「現代の宮本常一」といってよい研究者だが、彼の著作の一つに『神と自然の景観論——信仰環境を読む』（講談社、二〇〇六年）という本がある。

この本で野本は、長年の民俗調査で蓄積した事例の中から、現地の人びとが神を感じ、神聖感を抱いてきた場所を取り上げて分析を行い、その結果、岬、浜、洞窟、渕、滝、池、山、峠、森、川中島、島、温泉、磐座《いわくら》など、一定の特徴ある地形の場所が、いくつかの諸条件と連動した場合、そこが「聖地」とされていくことを論証している。

野本が取り上げている膨大な「聖地」の事例を見ていくと、「パワースポット」とは、日本に暮らす人びとが長い年月を通して伝承してきた「聖地」信仰の一形態にすぎないという気もしてくる。

もっとも、パワースポットの場合には、メディアとマーケットの強力な介在がある。そして、パワースポットの存在を認めるか否かはもちろん、何をパワースポットとするのかも、個人による差が大きい。このことは、パワーストーンの箇所ですでに指摘したことと一致する。現代の宗教的ヴァナキュラーを分析する上で、メディア、マーケット、「個人による多様性」の視点は欠かせない。

2　フォークロレスクとオステンション

ぼんぼり祭り

石川県金沢市の郊外に、湯涌《ゆわく》温泉という温泉街がある。ここでは、アニメの中の架空の祭りにもとづく興味深い祭りが行われている。リアルな祭りがアニメに取り入れられたのではない。アニメの中の祭りが、現実のものとなった事例である。この祭りについて調査した民俗学者、由谷裕哉《よしたにひろや》の論文（「生成する伝統としてのアニメ聖地巡礼」『サブカルチャー聖地巡礼』由谷裕哉／佐藤喜久一郎著、岩田書院、二〇一四年）の内容に、同アニメの公式サイトや湯涌温泉観光協会の公式サイトなどから得た情報を加えて、一連の経緯をまとめると次のようになる。

二〇一一年の四月から九月まで、テレビアニメ『花咲くいろは』（ピーエーワークス原作、安藤真裕監督、岡田磨里ほか脚本・構成）が放映された。ストーリーは、東京の女子高生が、祖母が経営する「湯乃鷺《ゆのさぎ》温泉」の旅館に住み込んでさまざまな経験をするというものだが、この「湯乃鷺温泉」のモデルが湯涌温泉であった。そして、アニメでは神社で「ぼんぼり祭り」が行われる様子が描かれていた。

アニメ中の「ぼんぼり祭り」は、「稲荷神社」の祭りである。祭神である小さな女の子が、毎年一〇月に二匹の狐をともなって出雲《いずも》へ向かおうとするのだが、幼いために道に迷ってしまう。そこで、迷子にならないように地元の人たちがぼんぼりに明かりを灯して道案内をするが、その際、人びとはぼんぼりに願い事を書いた「のぞみ札」をかける、という設定の祭りである。

ここに登場する「稲荷神社」は、湯涌温泉にある真言宗薬師寺境内の小さな稲荷神社がモデルとなっている。ただし、現実の稲荷神社の祭神は「稲荷大明神」であって、この女の子ではない。また「のぞみ札」をかける祭りも二〇一一年以前には存在していなかった。

状況に変化が起きたのは二〇一一年の秋である。地元の湯涌温泉観光協会が中心となり、『花咲くいろは』で描かれた「ぼんぼり祭り」を現実世界で再現した祭りを開催したのである。祭りは、二〇一一年一〇月九日に行われた。昼間は、声優のトークショーやアニメグッズ販売などの催しが行われ、二〇時からはプロの神職による神事が実修された。

この神事は、神迎え、ぼんぼり行列の温泉街巡行、湖（玉泉湖）に設けられた祭場での「のぞみ札」のお焚《た》き上げ、神送りからなる本格的なものであった。

観光協会がこの祭りを企画したのは、当然ながらアニメファンを中心とする観光客の誘致と、それによる温泉街の活性化を意図してのことであったが、神事自体は、イベントの一環でありながら、厳粛に行われた。このことが、集まった観光客たちの感動を呼び起こしたようである。

「ぼんぼり祭り」の来場者は、五〇〇〇人（主催者発表）だった。祭りが成功裡に終わったことから、観光協会では翌年度以降も「ぼんぼり祭り」を行うことを決めた。以後、二〇一九年の第九回まで毎年実施されている。

『花咲くいろは』と「ぼんぼり祭り」には、民俗学的に興味深い論点を見出すことができる。

一つは、作品中に「稲荷神社」「狐」「祭り」「神の出雲への旅立ち」など、いわゆる

「民間伝承」の世界によく見られるような要素が挿入されている点である。民俗学では、この「いかにも民間伝承らしい要素」が、アニメや映画やゲームなどのポピュラー・カルチャー（メディアによって広範に流通する大衆文化）の中に取り入れられていることを「フォークロレスク」と呼んでいる。[*1] フォークロレスクは、『花咲くいろは』に限らず、アニメ作品の中に多く含まれている。

たとえば、『千と千尋の神隠し』（宮崎駿原作・脚本・監督、二〇〇一年）には、川の神をはじめとするさまざまな神や妖怪、竈男《かまおとこ》（竈《かまど》で火焚きをする下男。東北地方の昔話に登場する）を暗示する「釜爺《かまじい》」、あの世とこの世の境界を象徴するトンネルや橋などが登場する。これらがフォークロレスクである。また、『君の名は。』（新海誠原作・脚本・監督、二〇一六年）で描かれる「神社」「秋祭り」「巫女」「神楽」「口噛み酒」もフォークロレスクである（ちなみに、作中のヒロイン宮水三葉の父は、現在は町長をしているが、もともとは民俗学者で、代々神職を務める宮水家に婿養子に入った人物という設定になっている）。

もう一つは、作品中で描かれる虚構の祭りが、現実世界で再現されている点である。民俗学では、こうした現象をオステンションと呼んでいる。オステンションとは、「流布したナラティヴ（噂話／物語）に対して人々が実際に行動して参与すること（行動によってナラティヴを支持しさらに内容を付け加えること）」をさすが（ウェルズ恵子／リサ・ギャバート

『多文化理解のためのアメリカ文化入門――社会・地域・伝承』丸善出版、二〇一七年）[*2]、「ぼんぼり祭り」は、このオステンションの一例といえる。

肘神様

フォークロレスクとオステンションのもう一つの例が、お笑い芸人「流れ星」（瀧上伸一郎、ちゅうえい）による漫才ネタ「肘神様《ひじがみ》」とそれがもとになって生まれた「肘神神社」（岐阜県高山市）だ。

「肘神様」という漫才は、「孫が岐阜県に住む祖父を訪ねたところ、祖父は『肘の神』を祀るための奇妙な踊りを踊っている。祖父によるとこれは村の秘密で、これを知った者は生贄《いけにえ》にならなければならないという……。一年後、祖父と孫は二人で『肘の神』の踊りを踊っている」というものだが、しぐさや設定の奇抜さから相当な人気を博した。そしてSNS上では、「肘神様の祭りはどこでやっているのか」「肘神神社に行きたい」という投稿が相次いだという。

これらの投稿を見た瀧上とちゅうえいは、高校時代を過ごした高山市に肘神神社を建てることを思いつく。地元関係者とも協議の上、クラウドファンディングで資金を集め、二〇一八年七月、高山市本町三丁目商店街の一角に肘神神社を建立した（瀧上伸一郎『肘神様が生まれた街』KADOKAWA、二〇一八年）。そして八月には商店街のイベント「高山本町納涼夜市」の一環として「肘祭り」も開催した。以後、ファンを中心に参拝客が多く訪れ、建立から二年が経過した現在、同社は高山の観光スポットの一つとなっている。

「肘神様」の展開は、これにとどまらない。ネット上の「アニヲタwiki」というサイトには次のような記述が掲載されている。[*3]

肘神様とは、腕の骨をつなぐ関節を信仰する地域信仰である。起源は農作業をする上で大切な人間の関節を信仰した土着信仰として江戸時代初期から行われていたが、明治時代の中央集権と共に廃れたとされていた。しかし近年地域によって極秘裏の祭事として行われていたという報告もある。文献によると祭事の際は独特な踊りを踊り、祈りを捧げる。

念のために言っておくと、ここに記されているような「地域信仰」は、現実世界には存在していない。この記事は、漫才ネタ「肘神様」をもとにした二次創作である。

漫才コンビによってどこかの民間伝承であるかのようにして創出された「肘神」や、それをもとにネット上で二次創作された「地域信仰」は、フォークロレスクそのものである。

そして、この架空の神は、ファンたちによって実在するものと誤解され、それが契機となって、現実のものとして創出されるに至った。この動きはオステンションにほかならない。

アマビエ・ブーム

二〇二〇年、新型コロナウイルス感染拡大下、「アマビエ」という怪物のキャラクターが大流行した。アマビエとは、弘化三（一八四六）年四月の日付が入った摺物《すりもの》（市中で販売された木版印刷物。ニュースやゴシップなどが取り上げられていた）に描かれた怪物である。「肥後の国の海中に毎夜光るものが出現するので役人が見に行ったところ、図のようなものが現れ、『私は海中に住むアマビエと申す者である。今年から六年間は豊作だが、あわせて病も流行するので、早く私の姿を写して人びとに見せなさい』と言って海中に入っていった。これは役人が江戸に伝えてきたものの写しだ」（現代語訳）という文言とともにその姿が描かれている。

アマビエの図像は、これまでにも妖怪関係の図書に取り上げられたり、水木しげるが漫画に描き直したりしており、一部、妖怪に関心を持つ人びとの間では知られた存在だった。しかし、二〇二〇年のアマビエの広がり方は、そうした範囲を大きく超え、世の中に広く浸透するものとなった。そして、その勢いは国内のみならず海外にまで及んだ。

廣田神社のアマビエのお札（西宮市）

二〇二〇年のアマビエ・ブームの経緯を整理すると、次のようになる。

①　二月二七日、妖怪掛け軸専門店の「大蛇堂《おろちどう》」が、ツイッターに「とんでもない勢いで某ウイルスが流行ってますが妖怪の中に『流行り病がでたら対策のためにわたしの姿を描いて人々にみせるように』と言ったのがいるんですよ。アマビエって言うんですけど」という文言とともに、大蛇堂が独自にデザインしたアマビエのイラストを軸装した掛け軸を写真で紹介する投稿を行った。

②　この投稿を契機に、SNS上にさまざまにアレンジされたアマビエのイラストを投稿する者が続出するようになった。その際、「#アマビエ」「#アマビエチャレンジ」というハッシュタグもつけられるようになった。なお、「アマビエチャレンジ」とは、多くの人が次々とアマビエのイラストを創作してSNS上に掲載していくことをいう。

③　三月五日、アマビエの原図が描かれた摺物を所蔵する京都大学附属図書館が、摺物の現物写真をツイッターに投稿した。

④　SNS上でのアマビエ・ブームと並行して、現実世界でも店舗の店先にアマビエを描いた張り紙を貼ったり、アマビエの姿をした菓子などの商品が販売されたりするようになった。また神社や寺院でも、アマビエの絵入りの護符や御朱印を授与するところが現れた。

⑤　四月九日、厚生労働省がアマビエのイラストを用いた新型コロナウイルス感染拡大防止啓発用のアイコンを、同省の公式ツイッターやホームページで公開した。

⑥　アマビエをめぐる一連の動きは、国内の新聞やテレビで報道されるとともに、海外のメディアからも注目を集めた。

⑦　海外でもアマビエのイラストを描いてSNSに投稿したりする人びとが出現するようになった。

アマビエの摺物が出された江戸時代から現代のアマビエ・ブームまで、一連のアマビエ現象についても、フォークロレスクの観点で捉えることができる。

江戸時代、アマビエに類似した怪物の話は多く伝えられていたらしい。アマビコ（海彦、尼彦、天日子)、神社姫など、疫病の流行を予言したり、自分(=怪物)の姿を写して持っていれば疫病から守られると語ったりした怪物についての摺物がいくつも残されている。*4

もっとも、これらの怪物伝承のそもそもの出発点がどのようなものだったのかは、いまとなっては誰にもわからない。どこかの誰かが海中から出現する不思議な生き物を幻視し、それについて語った内容が記録されたのか、あるいは最初から摺物業者がこれらの怪物を創作してそれを摺物に描いたのだろうか。

後者の可能性も否定できない。なぜなら、江戸時代の摺物は、商品として売ることを目的としてつくられていたからである。アマビエ系の摺物の場合、人びとの好奇心を引くことによってこれを売ろうとしたこと、加えて疫病除けの護符(=怪物の姿を写したものを所持したり門口に貼ったりしておけば疫病から守られる)としても売り込もうとしていたことが考えられる。そうだとすれば、摺物業者たちは、奇談や奇図の創作も厭《いと》わなかったのではないかと想像されるからである。そもそも、江戸時代の摺物は、現代のタブロイド紙に似て、あることないこと、虚実入り混じった記事を面白おかしく描き出したものが少なくなかった(森田健司『かわら版で読み解く江戸の大事件』彩図社、二〇一五年)。

また、仮にアマビエ系怪物伝承の発端が、実在の人物による幻視であったとしても、これが摺物に取り上げられていく過程で、誇張を含めた創造的な図像化が行われたことは十分想像できる。

こうしたことをふまえると、アマビエ系の怪物は、摺物というメディア商品の中に組み込まれたフォークロレスクであったと考えるのがよさそうである。

次に、現代のアマビエ・ブームであるが、ブームの発端となるツイートを行った大蛇堂は、民間伝承の中の妖怪をヒントに、独自のセンスで妖怪画を描き、これを軸装して販売する業者である。二月二七日にツイートされた作品もそうしたものの一つである。二〇〇〇年代に入ってから、ポピュラー・カルチャーの中に、フォークロレスクとしての「妖怪」が多く登場するようになっているが、大蛇堂の活動は、この動きと呼応している。

大蛇堂が創造する一連の妖怪画は、「民間伝承」的な（＝「民間伝承」っぽい）創造物、すなわちフォークロレスクだ。そして、これに触発され、「#アマビエ」「#アマビエチャレンジ」をつけて次々と生み出された一連の作品群も、フォークロレスクにほかならない。また、こうした作品群を創作する行為、アマビエチャレンジとも呼ばれる一連の作品創作過程は、能動的参与・行動によるナラティヴの現実化、すなわちオステンションであるといえよう。

ところで、一連のアマビエ作品群は、民俗学の用語でいう「サイクル」に相当する。サイクルとは、民俗学が長年用いてきた概念で、「伝承的主人公を中心とした一連の説話、歌謡の集成」（スティス・トンプソン『民間説話――世界の昔話とその分類』荒木博之・石原綏代訳、八坂書房、二〇一三年）のことである。たとえば、シンデレラ・サイクルといえば、古今東西で語られてきたシンデレラ（に相当する少女）を主人公にした一連の物語をさす。

サイクルは、現代のネット上にも存在する。民俗学でいう「ミーム・サイクル」がそれである。ミームとは、「形を少しずつ変えながら伝達されていく人物などの電子画像」のことで、戯画的、諷刺的な内容となっていることが多い。日本でいうコラージュ画像（写真やイラストを加工した戯画的電子画像）は、ミームの一種である。そして、この画像が「形を少しずつ変えながら伝達されていく」プロセスが、ミーム・サイクルである。

SNS上のアマビエの画像は、「形を少しずつ変えながら伝達されていく人物などの電子画像」であることから、ミームに相当するといってよい。ネット上でアマビエが次から次へと創作されていく過程は、ミーム・サイクルなのである。

ミーム・サイクルが生じる場は、第一義的にはネット上であるが、ネットの外の現実世界もミーム・サイクルの場になることがある。アマビエの場合がまさにそれで、ネットを飛び出して、紙に描かれたり、お菓子にされたりしている。つまり、アマビエ・サイクルは、ネットの世界と現実世界の境界を越えて展開されるミーム・サイクルなのである。

次に、アマビエ・サイクルの展開の一様相を、具体的なオステンションの現場から眺めておきたい。

長野県松本市に「しづか」という老舗料理屋がある。ここの若旦那の市東《しとう》真一氏は、家業に従事しながら地元で活躍する民俗学者だが、彼がアマビエをめぐる興味深い実践を行い、その様子をレポートしている（「しづかのアマビエのお札」『長野県民俗の会通信』二二七、二〇二〇年）。

それによると、新型コロナウイルス感染拡大で客足の減っていた四月のはじめ、SNSでアマビエのイラストが拡散しているのを見た市東氏は、消しゴムにアマビエの姿を彫って小さなお札を作成した。「アマビエの絵か何かを配れば、ささやかではあるが宣伝になり、来客のきっかけにつながるのでは」と考えたからだ。四月六日、最初の一〇〇枚が刷り上がったところで、店で祀る稲荷社の神事を依頼している御嶽《おんたけ》教松本教会に出向き「入魂式」を行った。[*5] そして早速、店のレジの横に設置した。すると、開店から一時間後には、置いていた六〇枚のすべてがはけていた。数日後、地元の『市民タイムス』と『信濃毎日新聞』がこのことを相次いで取り上げると、アマビエのお札目当てにたくさんの客が来店するようになった。

お札をもらった人びとは、ほとんどが財布や手帳の中に入れていたが、「どんなふうにお祀りすればいいか？」「置いてはいけない方角はあるか？」などと聞いてくる人もいた。

消しゴムハンコで作成中のアマビエのお札（松本市「しづか」）

玄関やリビングに貼る人もいたようである。

四月一五日、お札を増刷した市東氏は、入魂のため再び御嶽教松本教会を訪ねた。すると、教会では、前回の入魂式の後に置いていったアマビエのお札が神前の三方（神仏に物を供えるときに使う台。ひのきの白木でつくられている）の上に載せられ、水と酒が供えられていた。

教会長によると、毎日このお札に供え物をしてコロナ退散の祈願を行っているとのことだった。市東氏が「アマビエは妖怪である」と説明したところ、教会長は「きっとアマビエは少彦名命《すくなひこなのみこと》の化身ですよ」と語った。少彦名命は木曽御嶽山で祀られる御嶽教の祭神の一つで、「延命長寿、病気平癒、まじないを司る神」とされている。

教会長はアマビエを少彦名命と解釈することで、神として祀ったのである。「しづかのお札」は、松本市大村の玄向寺でも祀られている。副住職は、「この非常時には、神、仏、妖怪関係なく、拝んで収束を願うべきだ」と語っているという。

市東氏は、こうした状況について「まさか自分の作った消しゴムハンコが信仰の対象となるとは夢にも思わなかった。しかし、消しゴムハンコですら信仰の対象になるほど、新型コロナウイルスへの不安は大きなものであろう」と述べている。[*6]

3　グローバル・ヴァナキュラーとしてのイナリ信仰

京都には大勢の外国人観光客が訪れる。彼らに人気の場所の一つが、全国の稲荷信仰の拠点、伏見稲荷大社《ふしみいなりたいしゃ》である。神社の神体山である稲荷山への登り道に設けられたおびただしい数の鳥居が人気の理由の一つであろう。

稲荷信仰とは、「稲」という字を見てもわかるように農耕の神としての稲荷（祭神名は「宇迦之御魂大神《うかのみたまのおおかみ》」など）を祀り、狐を神の使いとして崇める信仰である。京都の伏見稲荷大社や佐賀県の祐徳《ゆうとく》稲荷神社、愛知県の豊川《とよかわ》稲荷、岡山県の最上《さいじょう》稲荷をはじめ、全国各地に稲荷を祀る社寺があり、天神信仰（菅原道真を祀る）や八幡《はちまん》信仰（八幡神を祀る）とともに日本の代表的な神信仰である。

この稲荷信仰に現在、興味深い現象が発生している。欧米において、インターネットを介在させながら、独自のスタイルで稲荷を信仰する人びとが現れているのである。

この事例については、私の研究室出身の民俗学者、岡本真生《まい》が調査を行っている（岡本真生「創造されつづける宗教的ヴァナキュラー――稲荷信仰を事例として」『関西学院大学先端社会研究所紀要』一五、二〇一八年）。以下、岡本の研究に導かれつつ、グローバル・ヴァナキュラーとしてのInari Faith（イナリ信仰）について見てみよう。

フェイスブックに"Inari Faith International"（ＩＦＩ：イナリ信仰国際協会）という公開グループがある。[*7] メンバーは、欧米を中心に約六〇〇名である（二〇二〇年八月一日現在）。彼らは、自作した祭壇の写真の掲載、コメントの交換、イナリや神道についての知識の交換、イナリについての投稿者それぞれによる独自の解釈の開陳と意見交換、イナリをめぐる不思議な体験についての告白、インターネット・ショッピングで購入したお札を祀ってもよいのかといった相談などをこの公開グループ内で行っている。

トップページ上に掲載されている同グループについての「説明」は次のようなものである（原文は英語）。

イナリ信仰国際協会（IFI：Inari Faith International）は、世界中のイナリ信者のための団体です。私たちの目的は、学習、信者間のコミュニティづくり、イナリ神社の国際的な支援を通じて、より身近にイナリの伝統に触れられるようにすることです。イナリの信者は、それぞれ多様な信仰のかたちを持っています。これはイナリの伝統の特質であり、貴重な多様性です。IFIは信仰面・個人面の両方で成長するための強力なコミュニティと、イナリに関連するリソースを個々の信者に提供することをめざします。

この公開ページを作成したのは、アメリカ・カリフォルニア州に住み、放送メディアのエンジニアとして働くゲイリー・コックス（Gary Cox）氏である。彼がフランスのスピリチュアル系ウェブサイト "Equi-nox"[*8] のインタビューに答えた記事をまとめると次のようになる。

私はキリスト教メソジスト派の家庭に育ったが、幼少期からキリスト教以外の秘教的な神やスピリチュアルなものに対する関心が高かった。一〇代のとき教会にイスラム教の人たちがやって来て宗教対話が行われたが、これをきっかけに非キリスト教の宗教、とくに自然と信仰とが一体化した宗教について独自に探究するようになった。その過程でアニメの「犬夜叉」を見て日本の神道と出会った。

以後、神道について深く学ぶうち、神道の神々の中でもイナリに強く惹かれるようになった。というのも、私は、大学時代、ペイガニズム（古代ヨーロッパ＝キリスト教以前の自然崇拝・多神教）や秘教的宗教への信仰を実践する学生グループを運営し、自身をウィッカン（魔術宗教の信者）だと考えていたこともあるのだが、そのような自分にとって、イナリはペイガニズムに通じる秘教的要素を多く持った民俗神道（Folk Shinto）として魅力的だったからである。ただし、イナリ信仰は伏見稲荷大社が管掌する公式的な宗教でもあることから、このことについてはあまり公言しないようにしている。

コックス氏は、二〇一三年に伏見稲荷大社を参拝して稲荷大神の神璽《しんじ》を授かり、カリフォルニアの自宅に祭壇を設けて祀った。この稲荷勧請《かんじょう》（分霊を授かって祀ること）は伏見稲荷大社の公式のやり方に従って行われたものだが、コックス氏と伏見稲荷大社との間にそれ以上の公式的な関係はない。

公開グループＩＦＩが立ち上げられたのは、二〇一四年である。立ち上げと同時に、世界各地からイナリ信奉者が参加するようになった。アメリカ西海岸在住者を中心にオフラインでのミーティングも行われている。

ＩＦＩのフェイスブックに投稿された記事を見てすぐにわかるのは、参加者たちの実践や解釈の中に、伏見稲荷大社が公式に表明している稲荷信仰についての見解を超えた内容が多く含まれている点である。代表者のコックス氏もそうだが、参加者の中には、稲荷信仰を、一種のペイガニズムとして神秘主義的な文脈で捉えている者も少なくないようだ。イナリとともに、古代エジプトのバステト神（猫神。ペイガニストがしばしば信仰する）を祀っているケースはその一例といえる。

この点について、コックス氏は、あるインタビュー記事の中で、「ＩＦＩのメンバーたちは、このグループが単一の神社、単一の役割、単一の解釈のもとに置かれるよりも、オープンな状態で維持されるのが最もよいと感じている」と述べている（ウェブサイトGreen Shinto）[*9]。

以上の事例から、海外において、インターネットを媒介に、日本国内で用意されている公式的な宗教体系とは異質な「グローバル・ヴァナキュラー」としての宗教的世界が展開されていることがわかる。

いまやヴァナキュラーは、国境を越えて生み出され、実践されている。民俗学の対象はここまで拡大してきているのである。

【コラム③】現代の「座敷わらし」

二〇一九年度の学部三年ゼミの調査フィールドは北海道室蘭市だった。このときの参加学生の一人が設定したテーマは「室蘭の座敷わらし」。この学生は北海道出身で、叔母夫婦が室蘭で居酒屋を経営しているのだが、その店に「座敷わらし」が出るということを叔母から聞いており、ぜひともこれをテーマにしたいとのことだった。

「座敷わらし」とは、家屋や蔵に住むとされる子どもの姿をした精霊のことだ。これが住みついている家は富み栄えるが、いなくなってしまうと没落するとされる。東北地方に多く伝承されてきたが、近世には江戸の本所でも蔵の中に「小坊主」姿の「妖怪」が出現した（ただし、鬼女やミミズクなどさまざまな姿でも現れた）ことが記録されている（十方庵敬順『遊歴雑記』第二編下、一八一五年）。ほかにも、愛知、山梨、香川、徳島、愛媛などに類似の伝承があったことが民俗学の調査・研究によってわかっている。この「座敷わらし」が、現代の室蘭にいるという。たいへん興味深い。

室蘭の「座敷わらし」調査は、学生の叔母夫婦はもちろん、料理長をはじめ、従業員のみなさんにまで及んだ。その結果、この店では、経営者や従業員の間で「座敷わらし」の目撃談がいくつも語られていることが判明した（山木麻椰『室蘭の座敷わらし』二〇一九年度関西学院大学 島村恭則研究室社会調査実習報告書）。

・「四番テーブル」と「五番テーブル」のところで、ニコニコ笑っている男の子がよく目撃される。
・洗い場担当の従業員が、洗い場から見える店内の通路を五、六歳くらいの男の子が走っていくのを二回目撃した。
・一組の家族が来店したとき、ある従業員の目には、父、母、息子、娘の四人家族に見えたが、その家族がついたテーブルに行ってみると女の子がいない。トイレに行ったのかと思い、家族に直接聞くと、三人家族だった。従業員が見た女の子は、小学校三、四年生くらいだった。
・料理長が体験した話。この店には二階の壁に鏡がついているのだが、ある日、料理長がその鏡を見ると、小さな男の子が映っていた。その子を見たときに怖さはまったくなく、「どうした？ お腹空いたの？」という感覚だったという。料理長は、「その子が名札でもつけて、そこにどうしてほしいのかも書いておいてくれたら何かしてあげられるかもしれないけどね」と言っていた。

・いまのところ、目撃しているのはすべて従業員で、客の側からの目撃談はない。

・こうした一連の目撃談をふまえ、経営者である叔母夫婦は、「この店には『座敷わらし』が住んでおり、その『座敷わらし』は、怖い存在ではなく、店の守り神のようなものである」と考えている。そして、「『座敷わらし』のおかげか、店の経営は順調だ」と述べている。

以上が調査レポートの要点である。これを受け、こうした現代の「座敷わらし」について類例がないかどうか調べてみた。その結果、岐阜市の鰻料理店、兵庫県篠山市のパン店、岩手県や山形県にあるいくつかの旅館などで、「座敷わらし」の目撃談が語られていることがわかった。

またそれらの店や旅館の多くは、「座敷わらし」を祀る空間を用意し、そこにはたくさんの「座敷わらしへのお供え物」が並べられていることもわかった。お供え物は、「座敷わらし」出現のうわさを聞きつけてやって来た客が持参したものである。旅館の場合は、「座敷わらし」の出る部屋に泊まりたいという客が多く、一年以上待たないとその部屋の予約が取れないところもあるようだ。

　また、こうした店や旅館とは別に、岩手県遠野市の早池峯《はやちね》神社では、「座敷わらし祈願祭」という祭りが行われており興味深い。これは毎年四月二九日に開催され、「座敷わらし」とされる人形に「早池峯大神」の分霊を入魂する祭りである。新調された人形が一〇体用意され、祭りでの入魂後、予約していた参拝者に授与される。また過去にこの人形を授与された者は、「座敷わらし」の里帰りと称して毎年この祭りに人形を持参し、新たな分霊を入魂してもらう。

　この祭りは一九八八年にはじま

座敷わらし祈願祭（遠野市早池峯神社。同神社・遠野市立博物館提供）

った。きっかけは、新潟県在住の実業家のもとに起こった不思議な出来事である。この実業家が早池峯神社を参拝しての帰路、自動車の後部がなぜか重くなったように感じられた。帰宅後、巫者に祈禱を依頼したところ、神霊の憑依《ひょうい》があり、「自分は早池峯神社の『座敷わらし』で、当分の間この家に住まわせてもらうため車に乗ってきた」「自分には、たくさんの仲間がいて、早池峯大神の使いとして各地で活躍している」などと語ったという。その後、この実業家の会社は繁盛したといわれている。

早池峯神社の「座敷わらし」人形が参拝客に授与され各地へ出張していくという考え方は、この話がもとになっている（遠野市立博物館第五五回特別展図録『ザシキワラシ』遠野市立博物館、二〇〇七年）。

早池峯神社の事例は、「座敷わらし」が人形という姿をとっていること、それが神社から授与されること、毎年の「里帰り」によって魂の入れ替えを行うことなど、ほかの「座敷わらし」事例には見られないユニークな信仰形態であるといえる。

以上のような事例を見てくると、「座敷わらし」は、現代の文脈に適応しながら、いまなお伝承の命脈を保っているということができるだろう。

【コラム④】初詣で並ぶ必要はあるのか？

ここ一〇年ほど、気になっていることがある。正月、初詣のとき、神社にできる行列のことだ。あちこちの神社で、参拝する人たちが二列に並んで長い行列をつくっている。私は、これに違和感を持っている。

もちろん、狭い階段での危険防止や拝殿の鈴を鳴らすための順番待ちの行列は必要だ。これにはまったく違和感はない。私が気になっているのは、列の左右に十分なスペースがあるにもかかわらず、そこは使われず、神社にやって来た参拝者は、あくまでも二列の行列の最後尾に並ぶという行動だ。

かつては、境内の参道いっぱいに人が広がって前に進んでいき、拝殿前では大勢の人が押し合い、かつ譲り合いながら一度に参拝を行っていた。鈴を鳴らしたい人が少し並ぶようなことはあったかもしれないが、そもそも鈴にこだわる人はそれほどいなかったようにも思われる。

状況が変わってきたのは一〇年くらい前からだ。二〇〇〇年代以降のスピリチュアル・ブーム（本章参照）の中で、神社の「正しい」参拝の仕方が本やネット、テレビなどで喧《けん》伝《でん》されるようになったが、そうしたものの中に、「きちんと並んで順番に参拝しましょう」とか、「参拝終了後、鳥居をくぐる際には一度振り返って本殿に向かって最敬礼するようにしましょう」などと啓蒙するものが含まれていることがある。

「二列だけの長い行列」がつくられる要因の一つは、こうした「礼儀正しさの強調」に求められるだろう（帰りに鳥居をくぐる際の最敬礼も、近年よく見かけるが、これもここ一〇年くらいのことで、それ以前はほとんど見かけなかったように思う）。

「二列だけの長い行列」ができるもう一つの要因として考えられるのは、そもそも何の疑問も抱かずに、左右に空間的な余裕があってもそこに列があれば列の最後尾に並ぶという行動だ。ただ、この場合、最後尾から前のほうは見えないので、とりあえず列に従うしかないという事情もあろう。

いずれにしても、私はこの行動を頭ごなしに非難するつもりはない。とはいえ、昔の実態を知っている者としては、「列をつくらなければならない特段の理由がないならば、どんどん前に進んでいって好きなように参拝してよい」ということを、ここで強調しておきたいと思う。

なお、神社側も、（特別な事情がない場合でのことだが）空いているスペースを使って、前からどんどん詰めて参拝してほしいと考えているようだ。拝殿の壁に「こちらからもお参りください」「左右両側からもお参りください」という張り紙がされている神社や、三が日の間だけ、鈴のために参拝者が行列をつくらないよう、鈴を天井に巻き上げてしまう神社があることがその証左となろう。

それから、思い出してほしいのは、明治神宮や住吉大社をはじめ参拝客でごった返す神社での参拝の様子についてだ。そこでは、悠長に二列に並んで順番に参拝などという光景は現在でも見られない（警備上の通行規制、混雑整理のための列をつくっての順番待ちは行われている。だが、それと「二列だけの長い行列」は性質が違う）。

柳田國男は、「当たり前だから」「そういうものだから」「決まっていることだから」「権威ある人が言ったから」といって、自分の頭で考えずに何かに従ってしまうことを「事大主義」（大勢順応主義）と呼んで批判した（事大とは「大きなものに事《つか》える」の意）。そして、民俗学的な世相観察や自己内省によって、「事

「左右両側からもお参りください」（岐阜県海津市千代保稲荷神社）

大主義」から脱却できると述べた（室井康成『事大主義――日本・朝鮮・沖縄の「自虐と侮蔑」』中央公論新社、二〇一九年）。

柳田だったら、「二列だけの長い行列」を見て、「特段の事情がないなら、それは不要である」と言ったに違いない。

おわりに

民俗学は、「みんなの学問」である（そもそも、フォークロアの「フォーク」には、「みんな」という意味がある。英語で「みなさん！」と呼びかけるとき、この語が使われる）。だから、多様な人びとが民俗学の調査・研究に参加している。民俗学の学会（研究者の集まり）である日本民俗学会の会員には、大学や博物館など公的研究機関に所属する研究者以外に、会社員、経営者、公務員、主婦、教師、医療従事者、福祉関係者、宗教者、農民、議員など、さまざまな職業の人たちも多く含まれている。

日本民俗学会年会（一年に一度の学術大会）に参加したある文化人類学者は、学会の印象を次のように述べていた。

この学会の志向性は、社会学や文化人類学とも違う。端的に言えば、「規格化」されていない感じがある。表現を変えると癖が強い。おそらくは人類学や社会学とは異なり、アカデミー外に生活の場を持つ人間の多さが、そうした「規格外」の所作を保存するのであろう。だから不思議なことに、社会学や人類学よりも猥雑な感じがする。文化人類学などは海外の文化を相手にしているので、もっと個性と多様性が際立っても良さそうな感じなのに、みなアカデミーの身体技法を身につけて生き残ってきたせいか、「規格化」されている感じがした。

学会に来て素朴に驚いたのは、若い女性が多いことだった。若い女性が多いのはその学会に未来があり、抑圧性が低いことを示していることが多いので、これも良い兆候だと思った。私の中の民俗学のイメージは、もっと高齢の男性たちが「先生」として祀られているというものであったので、これはいい意味で予想を裏切られた（そもそも、民俗学はもともとたいへん対等的であって、数年前まで肩書には出身の自治体名しか書かなかったというところにその端的な表われがある）。

（飯嶋秀治九州大学准教授が執筆・公開したフェイスブックの記事〔二〇一五年一〇月一一日〕より）

民俗学は、「野の学問」「民間学」「グラスルーツ（草の根）の学問」と呼ばれることが多いが、それは、このアカデミー外での学問の展開のことをさしている。

民俗学には、「野の学問」を実践した多くの先人がいる。アメリカ、イギリスでの長期滞在から帰国後、和歌山県の田辺に拠点を構え、そこから世界に向けて研究成果を発信し続けた南方熊楠《みなかたくまぐす》、生涯の大半を民間にあって旅と執筆、農村や離島の振興に送った宮本常一、平凡社の編集者を経て在野の民俗学者となった谷川健一など、いずれも世界に通用する実力を持った民俗学者であり、「民間学者」である（宮本、谷川ともに、晩年は請われて大学教授となり、若者に民俗学を教えたが、民間学者としての在野精神にいささかのゆらぎもなかった）。

「野の学問」としての民俗学を実践したのは、この三人のような「巨人」だけではない。暮らしの中に民俗学の思想と実践を取り入れながら日々の生活を送り、かつ自らも調査・研究成果を世に送り出してきたたくさんの人びとがいる。右に紹介されている学会参加者の大半がこのような研究者たちである。この人たちがいなければ、民俗学は成り立たないし、その存在意義も失われてしまうだろう。

私は、世の中の一人でも多くの方に、民俗学に興味を持っていただき、できればともに民俗学を学び、実践してほしいと思ってこの本を書いた。民俗学は、誰でも参加可能な学問である。ぜひ民俗学の仲間になっていただきたい。

ここで、本書を読んで民俗学に興味を持たれた方のために、いくつか参考情報を提供しておきたい。

次に何を読んだらよいか

民俗学の学問体系がどのようなものかについての基礎知識が書かれたものとして、桑山敬己・島村恭則・鈴木慎一郎『文化人類学と現代民俗学』(風響社、二〇一九年)を勧めたい。全一〇〇頁というコンパクトな構成ながら、現代民俗学はもちろん、文化人類学の概要まで学べる内容となっている。

民俗学のフィールドワークの入門書としては、髙岡弘幸・島村恭則・川村清志・松村薫子編『民俗学読本――フィールドへのいざない』(晃洋書房、二〇一九年)がある。一三人の執筆者が、それぞれの現地調査体験を開陳しながら民俗学的フィールドワークの魅力を語ったものだ。

一人の民俗学者が初発から現在まで、何をどのように研究してきたのか、その研究歴をとおして民俗学とは何かを語ったものに、島村恭則『民俗学を生きる――ヴァナキュラー研究への道』(晃洋書房、二〇二〇年)がある。本書の発展編という位置づけだ。

放送大学の人気講義だった「民俗学」のテキストを復刻した宮田登『民俗学』(講談社

学術文庫、二〇一九年）も、わかりやすい民俗学入門書である。宮田は二〇世紀後半の日本の民俗学を代表する民俗学者で、私の大学院時代の恩師でもある。

宮田登による民俗学の入門書としては、ほかに『民俗学への招待』（ちくま新書、一九九六年）と『はじめての民俗学――怖さはどこからくるのか』（ちくま学芸文庫、二〇一二年）も推薦しておきたい。いずれも興味深い事例満載でたいへん読みやすい。後者はもともと高校生向けに書かれた本である。

柳田國男、折口信夫、南方熊楠、宮本常一についても触れておこう。

柳田國男の世界には、『故郷七十年』（講談社学術文庫、二〇一六年）から入るのがよいと思う。本書は、八三歳になった柳田が自らの生涯と学問について評論家の嘉治隆一を聞き手として語り、それが『神戸新聞』に連載されたものをまとめた本である。柳田自身による自著への解説が多く含まれており、柳田民俗学の入門書としてふさわしい。これをガイドブックにしながら、彼の膨大な著作群に分け入っていくとよい。柳田の代表的な著作は、岩波文庫や角川ソフィア文庫などで文庫化されている。

折口信夫については、民俗学写真家の芳賀日出男による『写真で辿る折口信夫の古代』（角川ソフィア文庫、二〇一七年）が道案内を務めてくれる。これは、折口のもとで学んだ経験のある芳賀が、自身が撮影した大量の写真を使って折口学説を解説した本である。これを読みながら、そこに引用されている折口の著作群へと進んでいけば、難解とされる折口の文章も何とか読みこなせるようになると思う。折口の代表的な著作は、角川ソフィア文庫などで文庫化されて手に入りやすくなっている。

南方熊楠については、彼の代表的な著作を集めた「南方熊楠コレクション」シリーズ全五巻（河出文庫、一九九一―九二年）を勧めたい。慣れるまでは南方の文章も難解である。しかし、このシリーズは、各巻の冒頭に中沢新一（民俗学に造詣の深い人類学者）による詳しい解説が載せられており、これを読むことで本文へのアプローチがかなり楽になる。

宮本常一の著作は、どれも平易な文章でつづられており、高校生以上なら誰にでも接近可能である。有名な『忘れられた日本人』（岩波文庫、一九八四年）もよいが、私のお勧めは『民俗のふるさと』（河出文庫、二〇一二年）である。宮本が得意とする農村の生活だけでなく、都市の暮らしにも多くの頁がさかれ、人びとの「当たり前」の日常の中に隠された意外な法則性のようなものが次々と解明されていく面白さがある。このほか、自伝的な民俗学入門書である『民俗学の旅』（講談社学術文庫、一九九三年）も推薦しておきたい。

民俗学を学ぶ上で活用したいのが民俗学の事典である。何種類かあるが、最も詳しいのは上・下二巻からなる福田アジオほか編『日本民俗大辞典』（吉川弘文館、一九九九―二〇〇〇年）である。

民俗学を大学・大学院で学ぶには

日本民俗学会のホームページには、民俗学を学ぶことができる大学の一覧が掲載されている。教員名や開講科目名まで掲載されており参考になる。

私が所属する関西学院大学社会学部・大学院社会学研究科は、日本における民俗学教育の拠点の一つである。学部から大学院博士後期課程まで一貫して民俗学を学ぶことができる。フィールドワークの実践も含め民俗学の全範囲を扱っているが、とくに民俗学理論や海外の民俗学の動向に強い点、民俗学だけでなく文化人類学や社会学もあわせて学べるようカリキュラムが整備されている点が大きな特徴である。

地域で民俗学を学びたい場合

私がセンター長を務める関西学院大学世界民俗学研究センターに連絡してほしい（連絡先はセンターのウェブサイトを参照）。社会に対する民俗学知識の普及はセンターの重要な使命であり、積極的に協力することになっている。本書をテキストにした民俗学の勉強会や読書会をしたら面白いのではないだろうか。

さて、民俗学の話も、ここでいったんおしまいである。まだまだ取り上げたいトピックはあるが、それはまた別の機会に紹介したい。

本書執筆にあたって、前川さおり（遠野市立博物館）、市東真一（長野県民俗の会）、高橋すみれ（関西学院大学）の各氏をはじめ、多くの方から貴重な資料の提供を受けている。また畏友飯嶋秀治九州大学准教授からは、フェイスブックの記事を引用することを認めていただいた。これらのみな様にお礼申し上げる。

平凡社新書編集部の濱下かな子氏には、本書の企画、編集、刊行のすべての段階でたいへんお世話になった。記して謝意を表するものである。

島村恭則

二〇二〇年九月一日

注

序章　ヴァナキュラーとは〈俗〉である

＊1　柳田國男（一八七五―一九六二）は、日本を代表する民俗学者で、東京帝国大学卒業後、農商務省、および貴族院の高級官僚を歴任。在官中、並行して民俗学の研究を行い、退官後には日本の民俗学の体系化、組織化を主導した。その膨大な著作は『柳田國男全集』（全三五巻、別巻一、筑摩書房）に収められているほか、代表的な作品は文庫本で入手可能である（本書「おわりに」を参照）。

＊2　ハレは「非日常の状態」（「晴れ着」とか「晴れ舞台」はその例）を、ケは「日常の状態」を、ケガレは「穢れ」（汚いこと）や「生命に関わる危機状態」をそれぞれ意味する。

＊3　ヘルダーの民謡集は、『ヘルダー民謡集』（嶋田洋一郎訳、九州大学出版会、二〇一八年）として日本語版が刊行されている。

＊4　vernacular は、さらに、「土着的（native, domestic, indigenous）」を意味する *vernaculus*、「地元で生まれた奴隷（homeborn slave）」を意味する *verna*（いずれもラテン語）にまで語源を遡ることができる。

＊5　athenaeum とは「アテナ神殿」（知恵の女神アテナを祀った）に由来する語で、学者たちの集まり、文芸クラブ、図書館を意味する。トムズが寄稿した *The Athenaeum* は、ロンドンで刊行されていた文芸雑誌である。

＊6　これを記念して、毎年八月二二日は「世界民俗学デー（World Folklore Day）」となっている。世

界各地で民俗学に関するイベントが開催されている。

第1章　知られざる「家庭の中のヴァナキュラー」

＊1　来訪神は、東北から沖縄まで各地に多くの事例がある。二〇一八年には、それらの中の一〇件が「来訪神：仮面・仮装の神々」の名称でユネスコ（国連教育科学文化機関）の「無形文化遺産」として登録された。

＊2　なお、さらにいうなら、古代から中世前期まで貴族や天皇の葬式は深夜に行われていた。また江戸時代末期まで江戸・大坂の葬式は夜に行われていた（井上章一『霊柩車の誕生』朝日新聞社、一九八四年、勝田至「民俗の歴史的再構成」『民俗研究の課題』講座日本の民俗学10、福田アジオほか編、雄山閣出版、二〇〇〇年）。

第2章　キャンパスのヴァナキュラー

＊1　たとえば、Simon J. Bronner, *Campus Traditions: Folklore from the Old-Time College to the Modern Mega-University*, University Press of Mississippi, 2012.

＊2　念のため補足すると、本文であげた語義は、旧制高校生たちにとっての言葉の意味である。もともとのドイツ語とその意味は、ゲルト（お金）、メートヒェン（少女）、リーベ（恋愛、恋人）、トリンケン（飲む）、コンパニー（仲間）、アルバイト（仕事）である。

第3章　働く人たちのヴァナキュラー

＊1　Martha C. Sims and Martine Stephens, *Living Folklore: An Introduction to the Study of People and*

Their Traditions, Second Edition, Utah State University Press, 2011.

＊2　「消防うどん」「消防めし」がなぜヴァナキュラーといえるのか、念のためここで説明しておこう。通常、職場における食事の時間は、勤務時間に対する「休憩時間」として扱われている。つまり、この時間は、「勤務時間＝公式的な時間」に対する、「休憩時間・食事時間＝非公式的な時間」として位置づけられる。「非公式的な時間」は、ヴァナキュラーを定義するときの一要素である「公式的な制度から距離があるもの」に該当する。したがって、職場における食事時間、そしてそこでとられる食事は、ヴァナキュラーの一つといえるのである。

＊3　https://www.city.saijo.ehime.jp/site/shobo/shobomeshi.html　二〇二〇年八月一日閲覧。

＊4　https://www.signalos.co.jp/news/tag/category/novel/firefighten.meal/　二〇二〇年八月一日閲覧。

＊5　CBとは、Citizen Band（市民向け周波数帯）の略で、日本では「市民無線」と訳される。これは一般市民がプライベートな連絡用に小出力の無線を使えるようにするための制度で、アマチュア無線とは区別される。電波法上、短波の二七メガヘルツ帯で免許を受けた小出力の無線機を用いることが認められているが、本文で述べるように、トラックドライバーたちはアメリカ向け輸出用の高出力無線機を闇ルートで入手し、トラックの運転台に搭載していた。

＊6　世の中には、犯罪として認定されるヴァナキュラーもまた多く存在する。犯罪を扱った民俗学研究として、在野の民俗学者、礫川全次らによる『犯罪の民俗学』一・二（批評社、一九九三・一九九六年）、『犯罪と猟奇の民俗学』（批評社、二〇〇三年）などの著作や資料集が刊行されている。また、古くは赤松啓介（『非常民の性民俗』明石書店、一九九一年など）や中山太郎（『タブーに挑む民俗学——中山太郎土俗学エッセイ集成』礫川全次編、河出書房新社、二〇〇七年など）といった民俗学者による研究も存在する。民俗学は、犯罪を容認するものではまったくないが、人間研究の一端を担う

ところから、犯罪についても正面から向き合って調査・研究を行っている。

＊7　https://www.railwaystation.jp/　二〇二〇年八月一日閲覧。

＊8　狸に化かされることが本当にあるのかと思われる方も多いだろう。現在では、狸や狐に「化かされる」人は皆無に近いかもしれないが、かつては狸や狐に「化かされる」という幻覚を体験する人は多かった。こうした幻覚は、「日常の生活的な繰返しの世界とちがった異常な事件や疲労や衝撃に見舞われたとき、だれでもが体験できる心の現象」（吉本隆明『共同幻想論』河出書房新社、一九六八年）のことである。しかしながら、このような幻覚を体験する人びとは、戦後の高度経済成長期以降、急速に減っていった（内山節『日本人はなぜキツネにだまされなくなったのか』講談社、二〇〇七年）。

第4章　喫茶店モーニング習慣の謎

＊1　モーニングサービスとモーニングセットは、区別される場合もある。モーニングサービスは、通常のコーヒー一杯の値段でパンその他の料理を無料で付けるものであるのに対し、モーニングセットは、コーヒー一杯の値段にパンその他の料理の値段を加えてセット料金をとるもの、という区別をする店がある。もっとも、モーニングセットの場合も、料理の代金を安く設定して結果的に安い料金でモーニングセットを提供しているという意味で、モーニングサービスの語を用いている店もある。これらの用語法は店によって異なる。

＊2　本章で紹介するのは、基本的に、このテーマについての現地調査を実施した二〇〇〇年頃の状況である。

＊3　www.toyohashimorning.web.fc2.com/morningjijo.htm　二〇〇二年三月一日閲覧。

＊4　www.i-chubun.ne.jp/emi/futagono/kissaten.html　二〇〇二年三月一日閲覧。

＊5　https://ichinomiya-morning.com/?page_id=10　二〇二〇年八月二八日閲覧。
＊6　https://ichinomiya-morning.com/?page_id=19　二〇二〇年八月二八日閲覧。
＊7　本事例の調査にあたっては、事例中の女性の孫にあたる武蔵大学人文学部生の中西美津奈氏の協力を得た。明記して謝意を表する。
＊8　この点に関しては、たとえば森栗茂一が、モーニングがさかんな神戸市長田区の下町と「アジア」との共通性、長田における「内なるアジア」性を看破している。すなわち、長屋とインドネシアのロングハウス、長屋の一角の地蔵とタイの土地神の祠、喫茶店モーニングと中国・インドの屋台朝食を並べて示し、「高度経済成長までは、長田には『内なるアジア』があった」と述べている（森栗茂一「随想 アジアタウン」『神戸新聞』一九九九年三月九日）。
＊9　こうした「コーヒーハウス」「カフェ」からは、その「市民的公共圏」としての性格を母胎として新聞ジャーナリズムが発達していった。このことも含め、「コーヒーハウス」「カフェ」について論じた文献として次のものがある。小林章夫『コーヒー・ハウス――一八世紀ロンドン、都市の生活史』（講談社、二〇〇〇年）、臼井隆一郎『コーヒーが廻り世界史が廻る――近代市民社会の黒い液体』（中央公論社、一九九二年）、田口卓臣「カフェ文化と一八世紀」『フランス文化事典』（丸善出版、二〇一二年）。
＊10　「市民的公共圏」の持つ限界や「もう一つの公共圏」の重要性については、齋藤純一『公共性』（岩波書店、二〇〇〇年）を参照されたい。

第5章　B級グルメはどこから来たか？

＊1　「B級グルメ」の語を冠した初期の刊行物に田沢竜次『東京グルメ通信　B級グルメの逆襲』（主婦

と生活社、一九八五年）などがある。

＊2　同協議会と同グランプリは現在まで続いており、二〇一九年には第一一回「B－1グランプリ」が兵庫県明石市で開催された。

＊3　http://www.iwate-np.co.jp/men/jaja/jaja-top.htm　二〇〇九年二月一四日閲覧。

＊4　闇市とは、統制経済下で、統制を逸脱して商売が行われる自由市場のこと。第二次世界大戦敗戦直後、日本中で大量発生した。当時、物資が不足しているため物の値段や客が買える個数は政府が決めていた。これを「配給制度」という。しかし、それだと食料をはじめ必要なものが手に入らない。生きていくためには「配給」以外の手段に頼るしかない。人びとのそうした需要を満たしたのが闇市である。

闇市は、露店もしくはバラックの集合体で、多くは、駅前広場、空襲による焼け跡の空き地、三角地（道が二叉に分かれてその間が三角形になっている土地）、路上、そして神社や寺の境内などにつくられた。

＊5　アジールについては、奥井智之『アジールとしての東京――日常のなかの聖域』（弘文堂、一九九六年）が詳しい。なお、本文で私が示したアジールの定義は、同書中の「不特定多数の人々が集う一種の聖域」という定義を発展させたものである。

＊6　日本全体で見た場合、羊肉料理の歴史自体は戦前にまで遡る。ジンギスカン料理の歴史を詳細に検討した佐々木道雄『焼肉の文化史』（明石書店、二〇〇四年）によれば、一八七五年、下総御料牧場での羊飼育導入を皮切りに、国内でのめん羊飼育が行われるようになった。それにともなって羊肉を食用として用いることが試行されるようになり、一九一八年には札幌・月寒《つきさむ》でジンギスカン料理がつくられたという記録がある（なお、今日の北海道ではジンギスカン料理が隆盛だが、この状況は第二

次世界大戦後になってからのことである)。また一九三〇年代の東京にもジンギスカン料理店が存在していた。なお、ジンギスカンの名称は、北京在住の日本人が一九一〇年頃に現地で羊肉料理の「烤羊肉」(カオヤンロー)に接し、これをジンギスカンと名づけたことによるといわれている(前掲『焼肉の文化史』)。

＊7 http://www.dokidoki.ne.jp/home2/donnokai/yaki/muroran.html 二〇二〇年八月一日閲覧。

＊8 ホルモンを焼くのに味噌だれを用いるのは、「亀八食堂」の創業者の母で、自らも「亀とん食堂」を創業した村主さかえ氏に由来するという。村主氏一家は戦前名古屋で暮らしていたが、さかえ氏はその頃、同地で出会った「とんちゃん焼き」の味噌だれに触発されて独自の味噌だれをつくりだしており、これがのちに亀山での味噌だれ使用につながったとされている(藤本祐也が行った関係者からの聞き取りによる)。ただし、具体的な味噌だれの製法については、各店で独自の工夫がなされている。

＊9 なお、企業が開発した商品であっても、人びとの生活の中に取り込まれれば、ヴァナキュラー化するということも指摘しておきたい。たとえば、アメリカの民俗学でよく引き合いに出される事例だが、ビスケットの「オレオ」は、人びとの生活の中で「牛乳に浸して食べる」など、企業側が予想していなかったヴァナキュラーな食べ方がされるようになった。これは、商品としてのオレオのヴァナキュラー化といえる。もっともこの場合でも、企業側はすぐにこのヴァナキュラーを吸収し、「新しいオレオの食べ方」として公式ウェブサイトで紹介した。ここには、マーケティングとヴァナキュラーとの循環関係が見出される。

第6章　水の上で暮らす人びと

＊1 こうした寮(中には学校と一体化したものもあった)は、社会福祉に強い熱意を持った社会事業家

などによって設置された。東京、横浜、名古屋、大阪、神戸、門司、若松、八幡などにあった。それらは一九七〇年前後に本来の役割を終えたが、その後、児童養護施設、養護学校として現在まで存続しているものもある。

＊2　渡船とは、川や海を対岸から対岸まで渡るための船のこと。二〇二〇年現在、大阪市内には八つの渡船航路があり、一五艘の船が運航している。

＊3　「かき船かなわ」は、二〇一五年に営業場所を変えた。現在は、新造船を用いて平和大橋の上流で営業を行っている。

＊4　あわせて、次の文献も参照して以下を記述した。Anthony Burton, *Life on the Canal*, Pitkin Publishing, 2013. Jean Stone, *Voices from the Waterways*, Sutton Publishing, 1997.

第7章　宗教的ヴァナキュラー

＊1　フォークロレスクは、アメリカの民俗学者マイケル・フォスター（Michael D. Foster カリフォルニア大学デイビス校教授）が提唱した概念で、「既存のフォークロア的伝統に直接由来しているという印象を消費者に抱かせる、創造的で、しばしば商業的な製品あるいはテクスト（たとえば、映画、グラフィック・ノベル、ビデオゲーム）」（Michael D. Foster and Jefferey A. Tolbert, *The Folkloresque: Reframing Folklore in a Popular Culture World*, Utah State University Press, 2016）と定義されている。なお、「フォークロレスク」を直訳すると、「フォークロア（folklore：民俗、民間伝承）的」「フォークロアっぽい」となる。

＊2　オステンションは、ハンガリー出身で長くアメリカ・インディアナ大学教授として活躍した民俗学者リンダ・デグ（Linda Dégh, 1920-2014）が提唱した概念で、デグ自身は「表象（representation）

に対するものとしての現前（プレゼンテーション：presentation）のこと」と定義している（Linda Dégh and Andrew Vázsonyi, "Does the Word 'Dog' Bite? Ostensive Action: A Means of Legend Telling," *Journal of Folklore Research*, 20, 1983）。本書の五八頁で、「一日に三人、神学部の学生に会うと良いことがある」という伝説にもとづいて実際に神学部のまわりをうろつく学生がいることを紹介したが、学生たちのこの行動はオステンションの一例である。

＊3　https://w.atwiki.jp/aniwotawiki/pages/13617.html　二〇二〇年八月一七日閲覧。

＊4　なお、アマビエは、アマビコの誤記ではないかとの指摘がある（湯本豪一「妖怪『アマビエ』の正体」湯本豪一編『明治妖怪新聞』柏書房、一九九九年）。

＊5　御嶽教は、山岳信仰を基盤に成立した教派神道である。

＊6　市東氏のレポートはここで終わっているが、その後も「しづかのお札」をめぐっては展開があった。五月に入り、アマビエと並んで「アマビコ」のお札も配布するようになったのである。この「アマビコ」は、肥後国で出現したとされる「尼彦」について報じる『長野新聞』の記事（明治九〔一八七六〕年六月二一日）に付された図を、消しゴムハンコで模写したものだ。アマビエとともに店頭に置いたところ、こちらも大いに人気を博したとのことである。市東氏は、七月までにアマビエ、アマビコ合わせて一〇〇〇枚のお札を作成した。

＊7　https://www.facebook.com/groups/inarifaith　二〇二〇年八月一日閲覧。

＊8　https://www.equi-nox.net/t10647-interview-with-gary-cox-inari-faith-international-vo　二〇二〇年八月一日閲覧。

＊9　https://www.greenshinto.com/wp/2014/05/27/international-inari/　二〇二〇年八月一日閲覧。

【著者】
島村恭則（しまむら たかのり）
1967年東京生まれ。筑波大学大学院博士課程歴史・人類学研究科単位取得退学。博士（文学）。現在、関西学院大学社会学部・大学院社会学研究科教授、世界民俗学研究センター長。専門は、現代民俗学、民俗学理論。著書に『民俗学を生きる』（晃洋書房）、『〈生きる方法〉の民俗誌』（関西学院大学出版会）、『日本より怖い韓国の怪談』（河出書房新社）、『文化人類学と現代民俗学』（共著、風響社）、編著に『引揚者の戦後』（新曜社）、『民俗学読本』（共編著、晃洋書房）などがある。

平凡社新書960

みんなの民俗学
ヴァナキュラーってなんだ?

発行日――2020年11月13日　初版第1刷
2022年2月17日　初版第2刷

著者――島村恭則

発行者――下中美都

発行所――株式会社平凡社
東京都千代田区神田神保町3-29　〒101-0051
電話　東京（03）3230-6580［編集］
東京（03）3230-6573［営業］
振替　00180-0-29639

印刷・製本―株式会社東京印書館

装幀――菊地信義

ISBN978-4-582-85960-7
NDC分類番号380　新書判（17.2cm）　総ページ272
平凡社ホームページ　https://www.heibonsha.co.jp/